Sol sobre nuvens

Signos

Coleção Signos Dirigida por Augusto de Campos
Supervisão editorial J. Guinsburg
Editoração Mirabilia
Projeto gráfico e capa Francisco Faria
Produção Ricardo W. Neves, Lilian Myioko Kumai,
Sergio Kon e Raquel Fernandes Abranches

Sol sobre nuvens

Josely Vianna Baptista

© 2007 Josely Vianna Baptista (poemas)
© 2007 Francisco Faria (imagens)

Dados Internacionais de Catalogação na Publicação (CIP)
(Câmara Brasileira do Livro, SP, Brasil)

Baptista, Josely Vianna
    Sol sobre nuvens / Josely Vianna Baptista. — São Paulo :
Perspectiva, 2007. — (Signos ; 43)

    ISBN 978-85-273-0775-8

    1. Poesia brasileira I. Título. II. Série.

06-8751   CDD-869.91

Índices para catálogo sistemático:
1. Poesia : Literatura brasileira 869.91

Direitos desta edição reservados à
 EDITORA PERSPECTIVA S.A.
Av. Brigadeiro Luís Antonio, 3025
01401-000 São Paulo SP Brasil
Telefax: (11) 3885-8388
www.editoraperspectiva.com.br
2007

SUMÁRIO

Ar   11

Corpografia   51
ESPELHO ARDENTE   52   •   Laminares   56
HILÉIAS   62   •   Os poros flóridos   66
COLOSSO IMPENETRÁVEL   72   •   Moradas   75

Os poros flóridos   81
Um poema em seis Cantos: I   83   •   II   89   •   III   93   •   IV
97   •   V   101   •   VI   106

Poemas esparsos   107
Imagens do mundo flutuante   108   •   29 dias   112   •   Costa de Dentro   113   •   Fragmentos de uma *renga*   114

APÊNDICE I   115
Corpografia: Variações sobre um mesmo corpo
O continente explorado – Eduardo Subirats   116   •   *Irezumi* – Severo Sarduy   118   •   A paisagem dos corpos – Néstor Perlongher   122   •   *bodyscapes* – Rodrigo Garcia Lopes   127   •   poema em língua morta – Haroldo de Campos   130

APÊNDICE II   131
Os poros flóridos: Delta
Na sombra vermelha. Na sombra roxa – Horácio Costa   132   •   Porosidades e pontuações – Lucia Santaella   144   •   belerofonte – Affonso Ávila   152

NOTAS   153

ÍNDICE DAS LÂMINAS VISUAIS   156

ÍNDICE DOS PRIMEIROS VERSOS   157

NOTA SOBRE A AUTORA   158

Sol sobre nuvens

Ar

À liga da palavra-alma dos Guarani – *ñe'eng* – e a seus suicidas.

queria entreveros e quimeras, vários rigores e rimas raras, queria menires e quireras, que o que desdera se reouvera. queria trevos e risos feros, leros serenos, querelas belas, relar de peles arrepiadas, chorar com um olho e rir com o outro. queria esperas e não demoras, se o leste escuro o sul seguro, queria guerra, caça e amores, e por um prazer sem dores. (*noite neon. o brilho dentro. noite neon. dos letreiros. noite neon. redondo*) tudo agora e rindo, ritos, delírios, gritos: bem-me-queria em perigo, rasando prédios e logogrifos

pois que deuses desejo
nesse deserto bem ime
nso (um cinza-chumbo
nos nubla e a vênus: n
uvem de nuvens) e que
erros corrijo nesse en
genho de sins, sem equ
ívoco (um cinza-chumb
o nubla esse cinza: lin
has oblíquas), se nos s
em-fins eu meço esse m
esmo começo tão com f
im medido (aguça as zí
nias, zum nas glicínia
s: cinza-azulado que a
nula o dia) e se o mun
do segue redondo e im
perfeito nesse moment
o em que tudo está mudo
? (palavras líquidas)

```
n   a   m   a   d   r
u   g   a   d   a       a
g   u   d   a   q   u
a   l       a   d   a   g
a       a       á   g   u
a       p   i   n   g   a
```

destravar a líng
ua do travo dum
a fruta ácida: á
rida daria diam
ante: cantárida

VIZAVI À PARADA PARAÍSO

I

sem que o baque da queda leve a nau a pique, nem perder o pico da onda que vai voltando, aprumar o corpo, deixar o vento roçar a pele (pedaço de seda girando num céu sem nuvens), sempre ver teu riso cristalino, tua saliva, lindando os dias que travam, fruta amara, mergulhar entre carcaças de peixes-prata, alegria estilhaçando *blues* e monotons, vivos nas selvagerias e sinas desta vinda todos os sons, os sins e os decamerons

II

no altar profano, sob os panos, ou vindo versículos do apocalipse, a lisura ou o áspero da pele sob as dobras das vestes, sob as sombras que abrasam teus vieses e avessos, adorar, se pela via das dúvidas vêm promessas, setas, mais um rastro de serpes, bárbaro

III

amoram a sombra na
morada do ipê pét
alas temporãs, e eu
te beijo enquanto
figos caem do céu
como cometas

palavras riscam – rápida ária – áridas areias na íris, risos ou uma única lágrima rima ou ágria que apura rugas, rusgas, nugas. ríspida pedra, pontiaguda fala de paronomásias feita que agarra à unha a guerreira felicidade. pedra-de-toque, toque muiraquitã: leito-lito, coxa-concha, ímã-itã que atrai por um triz um avesso do universo nos limites observáveis das manhãs. (ourives, ouvir o duro do diamante negro. afiar arestas. tudo resta. apenas mais uma rima primitiva na tua mira?)

um dia eufórica
noutros por fora
um dia *engagée*
no outro *retombé
e* apuro um dia
noutro *rigore* o
dia urzes e alca
çuzes vezes que
bruxa outras qu
e musa se um di
a em *blanco* os o
utros salvos um
dia desfeita out
ros perfeita um
outro em dia um
dia um outro dia
sem *d* nem você

vivos em meu corpo (sílex invisível), o breve dos dedos, o selo dos beijos selendo em segredo (um viés de medo). vivos o deslize de sins rarefeito (avesso silêncio de seixo em seu veio), e esse tempo inteiro em meu corpo suspenso: no chá de teus olhos madeleines molham os meus atropelos na madrugada fria a paisagem se vê através da paisagem, a geada e a lasca de um jaspe que se parece ao jade, as gazes da geada que esfumam a paisagem, e a lasca de um jaspe que se parece ao jade e se repete jaspe na geada paisagem, na casca de um áspide, na valsa de uma vespa, no rasgo de um *outdoor*, na aura de um poema, na mineral fumaça da boca de quem fala, no ar em ar em *ars* que condensa uma imagem, geada, jade, jaspe na pele da paisagem, que o áspero da espera altera em miragem: formigas traçam trilhas na farinha

ZEN-RIDERS

> para Carol Dunlop e Julio Cortázar,
> autonautas da cosmopista

nas horas em que dá um branc
o e a vida fica lívida pelos c
antos o ovni é óbvio o íon um
a ilíada os afagos fogos os fog
os refúgio os refúgios $Τ λ ι ο ν$
e Ílion íon das deshoras etern
as de quem parte pra marte

> (...) *Araño en la pared con la uña,*
> *la cal va cayendo*
> *como si fuese un pedazo de la concha*
> *de la tortuga celeste.*
> *¿La aridez en el vacío*
> *es el primero y último camino?*
> *Me duermo, en el* tokonoma
> *evaporo el otro que sigue caminando.*
>
> José Lezama Lima, "El pabellón
> del vacío"

o que sonho apenas uma idéia, o aceno de uma orquídea, ou o avesso e o só de uma odisséia íntima. o que sonha nada mais que sulco, *toko noma* oco na parede nua, meia-lua tinta no olho de daruma quando o dia ainda são brumas em fuga de repente presente. no sol atômico da estação inverno. em tudo. de repente zênite. instante-*nit* de lucidez sombria, e o sol. lentes especulares de olhares vãos: brilha. preto no branco, prata no preto, pedras britadas: geometria de íris, pupilas dilatadas, largos, latas, becos cegos. lua de ecoline às três da tarde. onde sempre te vejo, vira. te miro, mera. sortes, azares, *hasard*, talvezes: gritar o sermão da paixão pelo microfone como quem berra morrendo de fome e leva nas mãos um ramo de *fleurs du mal*. só quem já é que sabe o quanto vale uma ventura se arfa a fim de ar e flana a fim de mais, se flora a fim de flor e corpo a fim de amor, se fúria a fim de aura e fera a fim de açor, se forma a fim do olhar e lama a fim de sol, que avance aldebarãs e dobre cristã, se desdobre pagã em sensual *élan* e se franza cruel em azuis-zurbarán, que vogue e vague ao léu cidades e saudades, e nos enleve ao céu, a um verso de john donne, ao teu olhar castanho, a um estridor *star*, nau frágil a navegar amores e memórias, águas rasas, marasmos, mar de rosas, fora essa tempestade em copo d'

isso tudo já
passa de art
ifício: seri

a fóssil, não

fosse iníci
o, seria traç
a, não fosse
míssil

e se o todo fosse um simples broto e se o nada em quase se fizesse e se aquiles fosse como ulisses e se esse sono desabasse em sonho e se você me beijasse o pescoço e se essa frase só nos resumisse e se o fundo fosse de verdade e se esses nós se nos esclarecessem e se o medo não nos dividisse e tudo isso não fosse suicídio e se bem perto desse desespero os longes todos desse inverno, esboços, os longes todos desse inverno, estrume, os longes todos desse inverno, lúmen o sentido se sente com o corpo, como o olho se molha quando chora. o sentido é quente como o corpo, como o olho que brilha quando gosta. o sentido se pensa com o corpo, que pressente esse sentir que não mente. (*como se diz o que nunca se diz? o que se desdiz? como se diz o que se diz a esmo? como se diz mesmo?*) o sentido se dobra como o corpo que sente outro corpo rente ao corpo, se veste como o corpo que desveste os véus de seus segredos e seus medos. vai-se lendo bem lento, em silêncio, quando quase do avesso me convenço. (*como se diz o que nunca se diz? como se quis o que nunca se fez? como se faz o que nunca se quis? como se diz o que está por um triz?*) o silêncio vai-se lendo em silêncio, quando quase do avesso me convenço. vai-se lendo sentido no silêncio, vai-se vendo, do avesso me convenço. o silêncio vai dizendo ao silêncio: assim se diz o que se diz *mesmo*. assim que diz o que se quer – desejo

REFRACTA

para Vera e Milton,
meus pais

o
segredo
do
abraço
está
na
graça
de
quem
faz
o
agrado
—
água
recortando
o
nado
de
um
peixe
sem
deixar
rastro

juncos à lâmina d'água, ouro-fio na superfície prata, e nós dois nus passando frio de madrugada – laminando mínguas. limas limando limas sangram na página ilhas de sílabas, mudas náufragas em águas frias, lábias e mil e uma lágrimas, e juntos *on the river* nos descobrimos rindo o que não víramos na vinda, *navis rara* a ver navios: nossas línguas beirando, *mirabilia*, as orlas da fala que rola dados e desafina, fim.

me
guarda
contigo
como
teu
umbigo
,
raso
e
narciso
,
te
abraça
comigo
como
se
a
perigo
,
paraíso

íris. finas iluminuras. m
inúcias, linhas, ramas puras
. íris miniatura. filigrana
. água. água. *i*. cintilarias
. *y en las lianas rayan lunas*
. irisas: ninas sinas (dunas)
. minas nuncas (tuas ancas)
. nanas numas. *n* luas. *n* luas
. *n* luas. na úmida mina m
iríades de águas-vivas

acordei com meu amor às sete, consultei os oráculos, vi de senhos de ensimesmadas sereias de 1600, os cisnes néscios de darío, vir e revir o sol diagonal ouvindo quasares que ganhei de aniversário e mirando fotografias das caras de meus amigos e destraduzindo versos de dylan descobri traças no baú querendo ser fieira de *perlas-parole* estrelas geométricas ou um poema que fizesse você respirar fundo, fundo, tonto tateando meu corpo desfiando as peles sob pétalas de minha pele pelo dia afora adentro de mim: por um minuto a lua ilumina tudo (no mínimo um júbilo, um susto), como se nunca o escuro

se ela deslizasse, úmida, macia, pela espada *infans* de tuas entrelinhas, feliz e afinada, fluida, quase fúcsia, na saliva e espuma da nau de uma falta – uma fala na uta de sinas e cismas, tua última manha, fitas da infância, mais algumas rimas em disritmia: lâmina afiada que lindasse as linhas, as finas fissuras de tua boca arisca, da divina via sempre se fiasse, em folha de sabre risse, desvairasse – abrisse minha língua teu riso de gaze (e as águas antigas que ali deságuam, a molhar as orlas desse paraíso em 36mm). e se os ses se fossem, e se os ses fugissem, se os ses sumissem e se desabrissem – da *délicatesse* que mira uns poetas nada restaria mais que armas brancas, de tão brancas nada, de tão nada marcas: antúrios, ruídos, um amor de proust na memória em ruínas suspenso de um neon sou teu desejo, e o levo nesse enlevo em que do enleio nos fomos desenganos e festejo, sem donos e sem danos, meio a meio, um fôlego que foge nos ofegos, um fôlego em sufoco nos enredos que os pontos entretecem dos sossegos se engolem os meus dengos teus segredos. invejo dos moluscos o som surdo e sugo no suor teu suco, sumo, navego os noturnos de saturno justo quando o sol cobre descobre um susto em nossos corpos. em resumo: por mais que dobre o solo o amor sobre some-se vento a esse menos, e a esse mesmo empenho o sol. ao menos um ciclone, um choque a pino, um tenso fio de sol. a esse mesmo sol some-se o mimo, *amore mio*, o tempo que em acenos consome o que se anima ao sol. um beijo ao telefone, e a esse certo engenho a sorte some-se, e o branco, e o sol. o sol que assola os olhos de soslaio e o que lhe resta a o rés, em réstia rente à fresta, em bronze, em brasa, em sombra, em nada. e ao calor do sol some-se o *soul*, os dissonantes sons, ecos de um mesmo amor. some-se ao menos esse zero inteiro feito de cor e invento. some-se só o que sim e some todo excesso que nem tem nome lá fora asfalto. na noite *liquid sky* tua unha sulca-se em mim. suor nos poros ásperos, tua unha arrisca-se em mim, ensaia um roçar de rosas, alvoroço de aros, estardalhaço em mim. lá fora o espaço, o luminado asfalto e um *close* nas pupilas *clown* de meus olhos quietos: descubro uma aranha na poeira do livro, trevo de quatro folhas, *scritti* de leonardo, suor que de repente excede os poros, excesso, teus olhos: *naturalmente ogni cosa desidera mantenersi en suo essere*, um vento enleia-se nas bocas-de-leão, meias de renda no varal giram violentas e o pólen voa em levas: duelo solo entre o tule e a pele, apelos via satélite, tua unha no meu colo. lá fora o meio-fio se faz gris e *noir*, betume e breu: *nessuna azione naturale si può abbreviare* : suor nos poros ásperos, um tempo em destempero, aros de rosa ao vento. ou o tom de um talvez pra fazer relativo o que não é nem nunca foi preciso

DE PESSOA A PESSOA

para Arnaldo e Zaba,
Maria e Gui

o que em mim sente está pensando o que em mim pensa está passando *o que em mim passa está mentindo* o que em mim mente está fingindo *o que em mim finge está esfinge* o que me esfinge está cifrando *o que em mim cifra está criando* o que se cria está amando *o que em mim ama está sabendo* o que em mim sabe está ficando *o que em mim fica está estando*

penso e surpreendo dentro
   esse peso suspenso
entre fuga e *allegro*

entre risos e abismo
   resgato fragmentos
e vestígios do *vertigo*

(espreito, rima leonina,
   as naus, bits e Ítacas
de tuas russas cismas,
   as *lengua*-lengas feras
de teus *trobares* raros)

entre sóis e ésseoésses
   miro estrelas-desastres
e desorientes ferozes
   rumo ao ouro quase-Órion
de um *perhappiness*

   entre o novo e o velho
só vejo o vero fogo
   que te tornou eterno

só vestígios do *vertigo*
   desde que o caos
deixou de ser acaso

                      para Paulo Leminski
                              junho, 1989

INFINITS

via Nietzsche

entre bétulas e nadas, nadas e madrugadas, *beats*, fadas, fugas, árias, entre gélidas pétalas de neve, leves cristais limando *nichts* de fumaça, entre picos e abismos, bétulas e nadas, lá, onde o ar falta: ali sua fala limalha, polindo tudo e um isso: no crepúsculo dos ídolos, divinos idos (andarilho entre verdades e mentiras), à procura da flor que brota, rara na rocha, entre *neins* e pistilos, aurora, pedra lascada: na alta engadina valquírias cavalgam luas que ainda uivam para lous, e o visionário, no limiar, parindo centauros

MENIR PARA KIEFER

recorrentes ri
ocorrentes irr
igando átomos
e étimos, rio t
igre e rio eufr
ates (revisitad
os por kiefer)
viram toque, v
iram choque, l
ivros-chumbo,
livros-tótem, d
ólmens de vers
os imóveis, re
stos do lixo da
história, póle
n de flores da h
istória, viram
limo, viram ví
rus (semíramis
lendo as horas
num relógio de
sol), dólmens d
e versos imóve
is, monumento
ao esquecimen
to (*nihil* tigre
e rio eufrates)
e ao que se vai
com o vent

como vai a tua vinda? em que banda da lua, em que onda do ar, em que fenda, em que senda se esconde essa fissura? se essa voz de seda fala falhas e ilhas, unhas e dentes, e a poesia se exila na sibéria dos trava-línguas? diga trinta e tr

brisares de abrir reprises, certezas dos intuíres, pegadas de mil pisares, e eu em sépia e ocre quebrando noigandres e folhas-de-flandres, flagrando o intraduzível dos antes sem os durantes, dos todavia sem vida: nem um odre de vinho nem uma pena medieval me farão escrever um poema legal. brisares de abrir reprises, certezas dos intuíres, pegadas de mil pisares, e eu em sépia e ocre quebrando noigandr língua zaúm, araçá azul, *l'anima* calma, um carnaval, fala em falésia, ar em falta, lín guarani, palavra-alma, amalgamada, que um provençal olor em nós de avelãs leva velosa além do lácio e do silêncio, da *langue d'oc* à gana pop à gangue urbana, além da lábia, e a saliva além da sílaba, ao boca a boca dessa musa indomada que ama o dom, amando a danação

frinchas mínimas e elas espiam, quando menos se espera, à espreita de seu rastro de letras. brechas, frestas e consideram, cosméticas, os espaços nos dicionários onde pôr seus esgarços. fulgores, órions, fulgures, elas *parole*, elas elos, vis-à-vislumbres descobrindo sombras da noite-*stone* onde, outrora, cobras trocando o couro: loa à palavra entre o mero e o esmero existe o esmeril, um certo ar moderno, ramos emaranhados às ruínas do muro, dicionário de rimas em apuros. algarismos romanos, miro, *la vie en rose*, sempre *la même chose*: *divagations* na estante, quevedo em prosa quedo, barrocos de severo, poemas em xerox. ritmo por ritmo, prefiro um grito dentro, entre o pecado do original e o *paradiso* final. prefiro um ruído, um modo sem modos, abrupto, meios em rumo. um rapto, um modo quase mudo quem sabe você na tela da tv, a delirante cena de um romance, o travo amaro e outras desavenças. três nós se desfiando e por um triz refilando fissuras: o perigo do risco destilado sem estilo, o sufoco ou um furo, um tiro no escuro. quem sabe um exagero exato, hálito *et* halo aflorando a gíria antiga de um cáctus-lácio, ou ato falho. quem sabe estalo, brilho em nosso bárbaro coração aos estilhaços. estalo, brilho em nosso bárbaro coração. estrilo, bárbaro e raro. e rocha *rock* e pedra *stone* e *blue* azul: mais de mil volts mirando o alvo onde o escuro se esconde. ou língua neon-barroca anjos e ostras desejando, contra o da noite em branco travo o *chiaro* entrando, a fim de se perder de si, de si e de artifícios, de si e doutros divinos e imperdíveis desperdícios

l   i   v   r   e   s   e

v   i   r   e   s   e

l   i   r   e   s   e

r   e   v   é   s

f   o   r   e   v   e   r

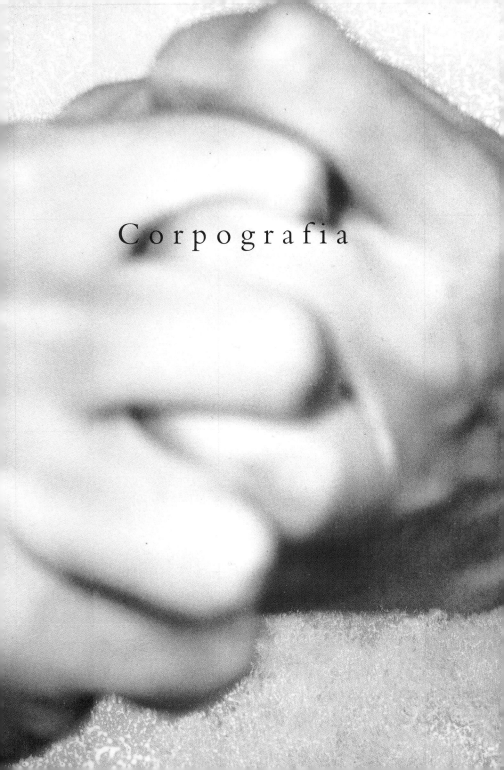

ESPELHO ARDENTE

leonado o desenho de um verso fosforece no escuro: brilho próprio de órions, pós de ferrugem no espelho curvo, velos, reflexos, núcleos de sentido que o verso caranguejo sidera à superfície em vermelho-coríndon, grafismo sangüíneo onde se abismam e perdem os outros sentidos: a olho nu asteróides marinhos parecem meteoros (teu nome à margem de um poema abandonado), espuma os versos que esta carta esquece, brancos, no sudário de estrelas – idéia avessa a tua desgeografia no que em não se vendo e tendo vem bem-vindo (pênsil mergulho entre um horizonte e um ontem), venho: íris que em filigrana de teu mirar retira o alvo e retine, límpida, tindo intangíveis distâncias: teus olhos tintos: sombras que alumbram águas, duplos que vibram pertos, e essa festa de silêncio e o acerto que se enreda nos pêlos, se degela na pele, no sempre ausent e s.o.s. de oásis presente: a vida: uma alegria de fotografia? e um amor me abre um vale de quase passagens, a essa miragem que é gen de paisagens, corpografia em voga e viagem, sobre a vertigem de teu sorriso que nem o tempo, rede de elipses, mina pulseiras de lilases sob a pele revelam a fieira de teus dentes, e sob o *voile* castanhos se descobrem os meus pelinhos loiros pelo sol. azuis-china e arcanjos no céu ocre, volutas, carnavais, *folie du voir*, e entre um ponto e um pesponto a tua língua reborda de vazios o silêncio, pensando-me, em suspenso o meu pensar. debruns da noite em vórtice de negros, e o *chiaroscuro* ouro-e-fio no caos em segredo repete o fulgor que o gosto de teu corpo, torso, em fogo, demora a desmaiar em meu olhar

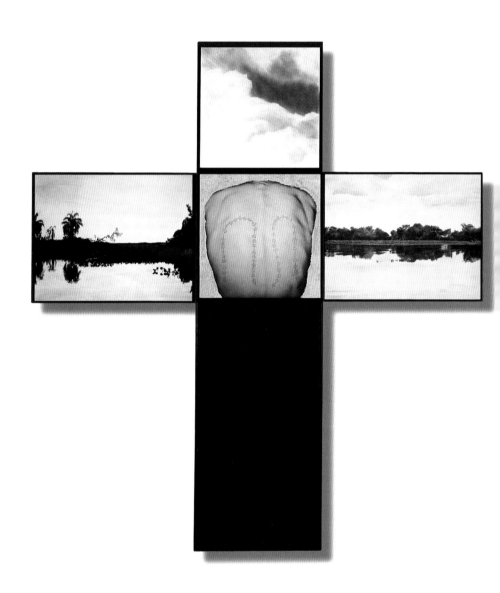

Laminares

a *altre certi brutte* se prefere *nègre* – invisível sopro que enegrece em fumos, às lufas, sem trégua, tuas velhas vestes, as pálidas luvas, as nuvens d'holanda que esfumam tuas lentes (vendo o que é visível e o que só se lembra), que folha e desfolha o breviário de estética, e ao considerares, em fuga dos lindes, é dens sempre breves (*come belli certi*), e sfolas fibrilas de tua fala em alfa noutro céu de células invisível o zênite, o ideograma da idéia inconclusa, estátua de sal que se desfaz, feliz, entre cardumes e medusas. invisível o desejo no avesso do teu gesto, nervura transparente na asa seca do inseto. invisível a sede de saudade, de tudo ser paisagem, lucidez de opalinas

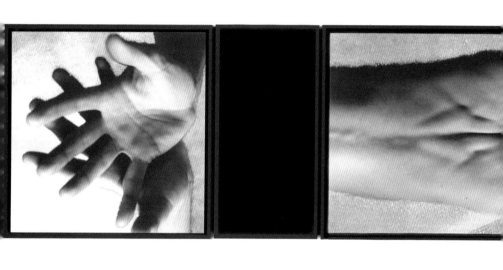

desenh
de um
aves so do
gesto

HILÉIAS

que pulse, repulse sóis, tufos, violetas, sob um céu pedrento, de chuva ou de vento, etraduza os fólios da imagem da pele em nuvem lazúli, bulbo de veludo e pulse, repulse sóis, tufos, lilases ao ler os infólios da imagem da pele em palimpsesto: um abrir-se à brasa quando a alma nua se veste de ares e o sol calcina em salamandras rubras a gala sem flor de uma orquídea rara, *góngora buffonia*, idéia da idéia ou gozo invisível do beijo roubado entre sins e silêncios, leito de estames, ventre de pistilos e o silvo selvagem de um pintassilgo assombrando abraços, as promessas, lampejos de relâmpago na floresta os móbiles de bronze no pólen em suspenso são anjos que descendem, rebeldes de lioz, feito em ouro em pó disperso nos fios de teus cabelos se o céu em curvo sabre se abre e sob e o sol: translúcido intervalo entre o esquecimento que o tempo cicatriza, eclipse solar, e o brilho do suor que o *brise-soleil* imprime ao longo dos nós cegos que um resto desse sol ainda dissolve nos teus poros – fuligem graal em vila velha ou na ponte vecchio, nas lajes limadas pelos grãos de areia, na listra riscada entre pedra e líquen, arestas de jade, cristas de granito, em ilhas de minas, nebulosidades, nas margens tranqüilas que o granizo frisa, num fremir de lábios, retinir de dentes, na tua alegria ou no senso em deslize dos olhos em falso descobrindo o cerelos nas asas estriadas de um pequeno inseto

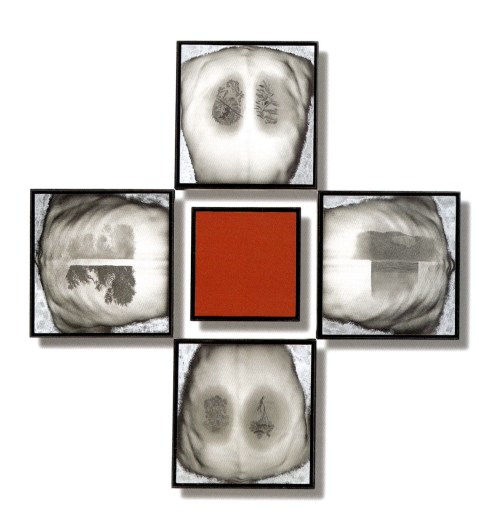

Os poros flóridos

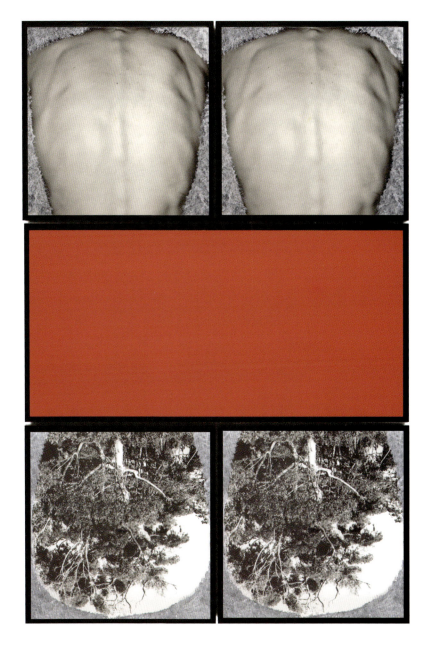

nada de mais: o esquecer um esgarçar em sal: a brasa branca das salinas, alvuras em neblina, um dia a mais. nas dunas dançam cáctus, lascas secas, escamas, peles soltas pelo sol, no sal: o pó do dia se estilhaça em brancos, e na voragem o ar espalha pétalas, separa sépalas, desliza páleas, o ar trinca brácteas: belezas da aridez te trazem em flashes, abrasam os olhos, desenham nébulas na lembrança: em sal que seda e esgarça e esfuma e organza o dia me estilhaça: brisas riscos, hieroglifos inscritos nas frinchas de uma concha, poema cinzelado nas cracas, búzio-murmúrios, hermafroditos incrustados nas carapaças ásperas: artérias calcárias que o tempo cifra, rasura em braile que o vento molda como indícios — incisura de arúspice, nas vísceras de um bicho, norte de outras américas ou sorte amorosa, no rastro de teu corpo laminando a memória (almíscar e marisco) que aflora, meteórica, a dor de um paraíso, os meus lábios rachados em teus lábios salgados, múrices e moréias no êxtase das mãos, moluscos, corais-cérebro, lágrima de alegria — o gume um riso de salsugem

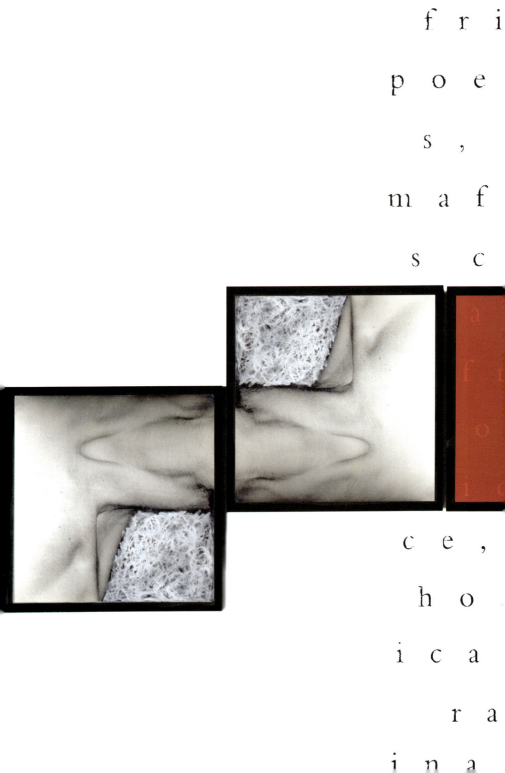

```
            f  r  i
            p  o  e
            s  ,
            m  a  f
            s     c


            c  e  ,
            h  o
            i  c  a
            r  a
            i  n  a
```

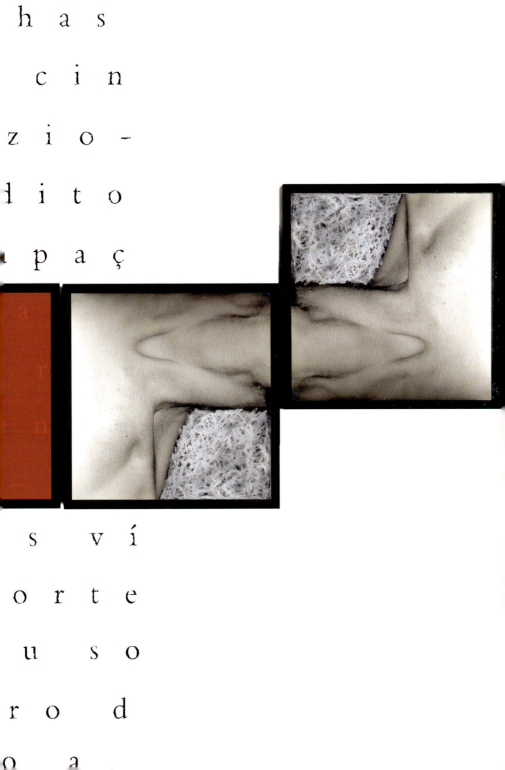

COLOSSO IMPENETRÁVEL

e nada é nada, nem névoa
-nada: o prata em preto, o
brilho em breu, o risco em
falha, e entre o preto e
o prata: breu, e entre o b
reu e o brilho: prata, e e
ntre o prata e o preto: fa
lha, e entre a falha, o eu
: cisalha — olhos sem last
ro, rastro de plâncton, lú
zio à deriva sem lume ou l
eme no breu-berilo, ultr
amarino, e o preto em pra
ta e o breu em brilho, só
teu sorriso em meio ao na
da, a nuvem negra em bra
ncas nuvens, o gume-lumb
re e a bruma-lasca. *e eu m
e voltei eu e vi névoa-nad
a sob o sol: na areia aére
a da desmemória, a palavr
a luz gravada na pedra*

rúbia aura das prímulas insinua chuvas: cena quebradiça, raias que se irisam, raios que arrepiam a linha do mar e vibram retinas, úmidas vibrissas, púrpura das ramas que se aprumam em tiras, rugas que se espraiam em soga de sargaços, febre de teus olhos se dobrando em leques, prímulas que rolam, se enrolam na orla, viram temporal: o negro-óleo da paisagem e ondas vândalas em nós, à deriva

Moradas

o verde-água das sombrinhas se ofusca e a chuva vem em fios (exercício de rio), como se o tempo sumisse nesse cinza, no brilho fugaz que devolve teu rosto entrevisto nos vidros que levam longe o olhar, levam comos, levam quandos, levam horas desferindo raios no corpo que volta a ser tempo, *bosque sem árvores onde o vento entoa entre as árvores,* como se assim o vazio sumisse nesse cinza, como sumisse, fosse, isse e sobre o mar de vidro, silêncio, silêncio-sílex de céu que se recolhe como livro refletindo a stilhas púrpuras da lua ou do sol negro nas águas de absinto em que anjos do abismo contam os nomes mortos de sete mil homens, e sobre o mar deserto as palavras nadam entre as ondas, as palavras-câncer se alastram no escândalo das ondas, desdobrando a lâmina de obsidiana antes que alguma coisa fosse nada e céus de celofane nos turvassem, antes que em tua face eu vidrasse meu beijo – polido, liso como um espelho

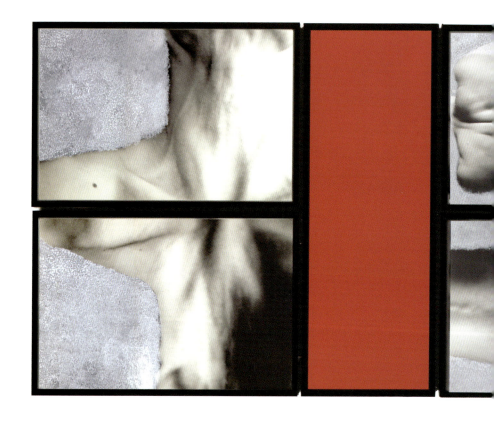

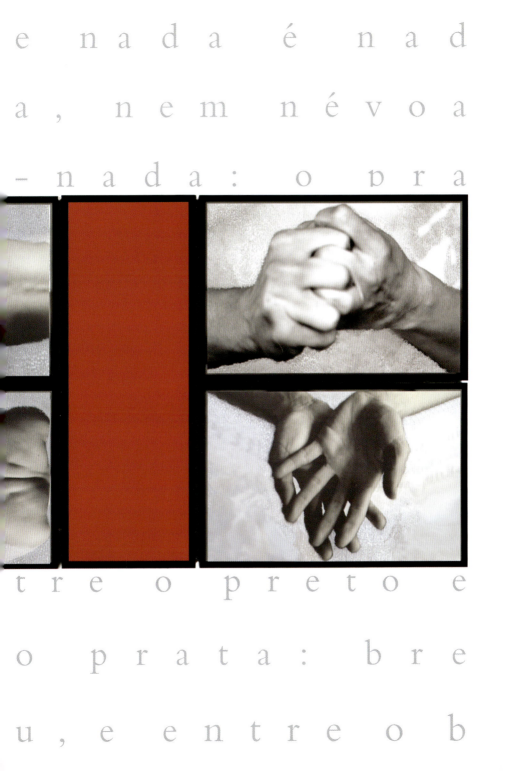

e nada é nada, nem névoa-nada: o pra
tre o preto e o prata: breu, e entre o b

Os poros flóridos

Licario acostumbraba decir que había siempre quien ve en una puerta una entrada y quien ve en una entrada una puerta. Es decir, quien ve todo lo estelar como salida y quien ve lo estelar como pisapapeles. (...) Él situaba siempre en lo estelar la entrada y la salida. Hablaba de la normalidad de mi visión, pues según él todo caminaba por lo estelar y la tierra lo reproducía. Definía las ideas como el paso de las nubes por el cerebro, decía que la contemplación del relámpago era lo que había enseñado a caminar al hombre. Una de las últimas cosas que le oí fue que el día que se extinguiera el sol o dejase de alumbrar, el hombre sería ciego durante el día y estaría toda la noche soñando, es decir, viendo.

José Lezama Lima, de *Oppiano Licario*.

I

Entre a lisura vã das dunas movediças,
ou entre a sombra lassa – zefir brônzeo –
que o sol alonga em ondas nas planícies de ônix.
Em raras simetrias, nos losangos
laranja que se enlevam, volúveis, aos desejos
do vento. Sob a cambraia opaca das imagens,
entre eloendros, febres, entre dentros.

Torrentes de rápidos
sobre pedras lisas, sobre pedras ásperas,
sobre pedras ríspidas, sobre pedras límpidas.
Tudo é igual e diferente de si mesmo.
Leitos de rios secos, securas de estrume,
restos de sementes, relevos do vento.

Arboresce selvagem entre os dendritos
— marca d'água na rocha, um grafito
hiperbóreo —, lascando-as (paliçadas)
em florestas de pedra. Inflorescendo,
fosco, em negrume de eclipse.
Troncos acarvoados que dormem
sob o solo.

Lascas de pedra fraturada
– solo branco de rastros,
nenhum sinal de passos.
Sol e lua incessantes
– pedra, fratura, estilhaço –
quase consomem os ossos dos bichos mortos.
Esculturas de cal, gesso moldado,
são os textos em branco desse espaço –
os sonhos que esquecemos noutros claros
fragmentos de textos insulados.

ou num poema náufrago, enleado,
caligrama salgado de sargaços
jogando entre as marés.

Entre os dedos lenhosos de teus pés,
em meio aos caules lisos, retorcidos
cordames de um barco abandonado
às tempestades de sol e sal.
Em chuvas de alfabetos secretos
– a curva do *n* num graveto, o volteio
do *u* num pedrusco –, ou num estudo
de Long para tubos de órgão: tocos negros,
pontudos, embarcadouro tosco.

E na serpente de seixos alinhados
que se pensam
mesmo sem que a luz brilhe sobre eles,
e se pensam pelos dedos
voltados sobre eles
como flores secas

que se abraçam a si mesmas
em raras tranças castanho-
quebradiço que a aragem
esgarça.

A flor coral do cáctus
plástico sobre a areia,
a tulipa calcária
no púrpura da concha:

surpresa de si mesma
a cor se reverbera,
e num vermelho de lacre
(hermafrodito
sobre a lava negra)

mimetiza o milagre.

No invisível de olhos
que se fecham em silêncio
como dedos sobre pedras,
como se quisessem desenhá-las.
Nas coisas que se pensam
mesmo sem que a luz
brilhe sobre elas.

(Folha seca, leonina,
pétala rubra, folha fulva, opaline,
pétala crespa: veludo vermelho-bispo
perdido entre a educação dos cinco sentidos
ou fragmento de flor que o ar
transformou em ânimos de cor?)

Num rosto de paisagem que se devasta
ao tempo, esse tempo que em acenos
consome o que se anima ao sol, e
no desejo de um anjo adolescente

– planície de seixos onde o vento esculpe,
lentamente, a paisagem de um rosto.

Rente à delicadeza das plantas,
e em seu retorcimento de securas.
Nas letras desmaiadas
das cartas nunca lidas, na goma opalescente
das pétalas ressecas, entre
a zarabatana aérea das sementes.

Você me diz:

O mar parece verter
ouro na praia
(meias-luas
a sombra das folhas
sob o eclipse).

A imagem reinventa
em teu rosto a paisagem

e entre os corpos
brancos do sal evaporado
a febre
porejando seus anéis
de serpente.

Respira em fissuras, sob o vento
nordeste, em escamas transparentes
(as órbitas vazias) misturadas à areia
de um peixe em agonia. No outro eu
que é teu (imagem sobre imagem),
poesia sem enigma, lucidez sob a luz,

De superfícies as nuvens sem céu.

e se esquece entre as pedras,
solitário,
como os pássaros suicidas dos desertos.

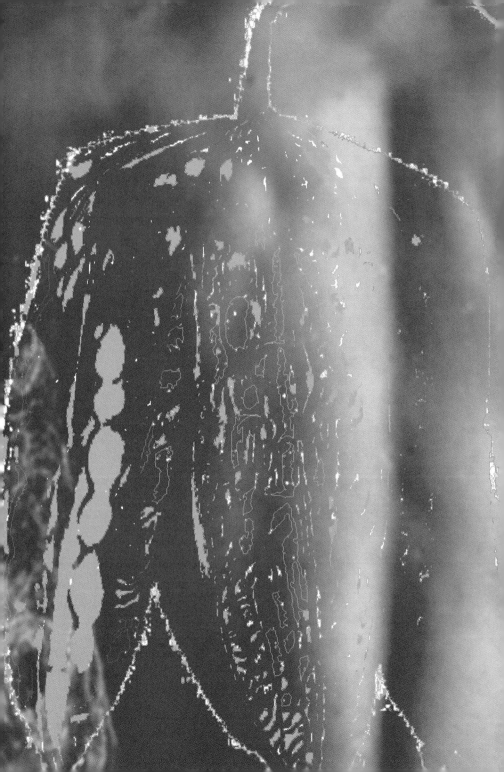

II

Desoladas de céu e terra, em meio à treva
e aos ventos, desoladas de quase tudo,
J'ai heurté, savez-vous, d'incroyables Florides,
as ausências são âncoras que a ferrugem
carcome, são falsas as distâncias
que nos acena o vento, e as árvores vergasta.

O trópico do sol, nessas nuvens sem céu,
descobre em seu reverso o corpo de um sentido,
o embaraço dos peixes no silêncio das redes,
nas peles que escurece o avesso dos reflexos
(olhar que arde, organza, na febre de um abraço),
o suor em fios de bronze de homens sob o sol:

porejar luzidio
num mundo além do mundo.

E o leve linho cru que nos desveste,
gaze: tantos dias de sol
em nossos corpos nus. Teu rosto
em laguna de jade submerso,
em nítido vidro
ou cacos de marés – sob o vento
sul –, teu rosto submerso.

(Mergulho fundo e em mares isolados
me agarro ao corpo como à linguagem
que o corpo traz à tona.

Fulgor ao longe: o colorido das bóias
entre os botos.

Nas folhas soltas das metamorfoses
— se dos poetas valem os presságios —
fundo-me, além do mar, de mim,
e do amor que seguirá se amando.)

Suspenso o tempo em visco
de resinas, os cogumelos
se entremesclam aos búzios:
furor de flóreos chapéus
*(*chiaroscuro*) entre o zumbir*
das lendas dos moluscos.

Páginas virgens que os beijos
abrem, transe de laços, vestes
que caem, ilha de estrelas
em meio à espuma: galáxia rubra
que o mar inscreve em *rouge*
baroque por toda a praia.

Por toda a praia bichinhos raros
rolam no raso e entre os teus dedos,
raios calcários que roçam, breves,
uma outra pele, outro estuário,

páginas virgens, fósseis, temporais.

No vaivém do mar, de um ouro-góngora,
o abraço imaginário de um amor distante,
e em meus olhos molhados teus cabelos,
o úmido emaranhado de racimos no rosto,
os lábios (respira o mar em dobras
como um peixe) entreabertos – ostra,
a água agitando suas guelras-persiana,
e as fisgas de um leque estraçalhado ao sol
nas asas dissecadas de um élitro
marinho – o desastre das formas,
a promessa das dobras – corais
se dessangrando em pálido crepom.

*Cartografia fugaz de imagens peregrinas,
caligrafia opaca no opaline etéreo das areias.*

III

Fim de tarde, as sombras suam
sua tintura sobre as cores, extraem
da fava rara da luz o contorno das coisas,
as rugas na concha de um molusco,
grafismos, vieiras milenares com reservas
de sal, poema estranho trançado
em esgarços de oleandros,
enquanto corpos
mergulham em câmara lenta,
e nada é imagem
(teu corpo branco em mar de sargaços),
nada é miragem
na tela rútila das pálpebras.

As sombras suam, ressumbram,
e essa é a sombra mais certa das sombras
calcinadas que me cercam.

Quero levá-la no corpo,
como um amor, como inscrição rupestre
no granito, como o verso
que um tuaregue cola ao corpo.

Quero levá-la comigo, como um amor,
como essa ausência azul que assombra
a noite e sonha o contorno de um rosto
no escuro, como se quisesses desenhá-lo.

Nenhum lugar. Lugar algum perdura.
Um ventre a sombra alisa, um plano
o sol levanta, cumes que o vento
plissa. Sol branco, sol negro, o vento
apaga os rastros na areia, apaga
os passos da língua. E o sol
a pino assola, o frio da lua cresta
a pele que se solta,
o suor do corpo em febre
que se solta, e as peles são silêncios,
poemas que se deixam,
e o lugar é aqui, e lá, e ontem,
e as letras voam, revoam,
espreitam como cobras sob a areia
(camaleões se escondendo em si mesmos),
espiam as peles que se espalham, página
ou pálea, corpo que se desveste, desmente,
desvaira: tudo é miragem.

Um som de antigas águas apagadas.

É miragem a rima, a fábula do nada,
as falhas dessa fala em desgeografia,
a fala hermafrodita, imantação de astilhas,
a voz na transparência, edifícios de areia.

Mas teu olhar o mesmo, em íris-diafragma,
fotogramas a menos na edição do livro,
e o enredo sonho e sol, delírios insulares,
teu olhar transparente, a imagem
margem d'água, e as fábulas da fala,
as falhas desse nada – superfície de alvura

ou árida escritura.

Na moldura da página,
marginália de escarpas.

IV

Vento nas folhas do ipê-roxo, cores
estouram pelas paredes, raiz aérea, secor
de tintas, terra, fuligem, ocre, ruínas.
Lilases caem pelas calçadas, musas silentes
em seu descenso. Possíveis zínias estouram
a fímbria de suas sementes adormecidas
em meio aos chumbos da Aldebarã.

*Um brinde à brisa que nos dissipe
os nevoeiros em sol a pino,
visão de aves-do-paraíso no labirinto
dos edifícios, o giz nos frisos do arco
pleno, rosas em vasos de terracota
(e em cada rosto que desconheço
o gosto denso do teu silêncio).*

Visco de dobras, cálices brancos,
todos os raios (entre grãos negros)
roubam os narcisos no alto dos talos.
(Sangue que invade, súbito, as faces.)

Pequenos lanhos, sulcos na pele,
gazes retorço por entre os dedos
– vermelhos, tintos, lírios retintos.

Os poros flóridos,
gotas de sangue
em flores, espessura
do corpo que morre e
renasce em leito de
nevoeiros, em nuvem,
em sopro, em nébula
de flores, em divina neblina
de limbos e corolas,
no respirar de um deus,
no ar de uma palavra,
entre a palavra-alma,
entre a palma das mãos,
e em renovos velosos, no
veludo dos brotos,
no gozo de teu riso
em corpo de linguagem.

Rito de esporos no ar vazio
violetas murchas recobrem os lábios,
os lábios abrem outras paisagens
(a morte agora metamorfose):
vermelhos, tintos, lírios retintos.

(Lusco-fusco de flores, observo
o descenso da noite
iridescente: amores-perfeitos
para o pensamento
ou lírios bravos para o espírito,
e a paisagem escorrendo
pelas hastes de um
relógio de sol.)

*Silêncio, o resto é só silêncio, sol
e silêncio sem sílaba possível,
sol e silêncio de pedra sob a língua,
pedra de sal, menires de silêncio
(no céu asfáltico, só o silêncio soa).
Na solidão, no núcleo da palavra
— sagrado fogo em brasa sobre pedras —,
a estela abrupta em que a imagem
enfim se entrega
inteira, toda, ao tempo, em espirais,
amante em seu feliz fora-de-si.*

V

Os céus cian, e a mesma febre
que o asfalto lume de breu rebrilha
em cada face de suas britas,
nas nuvens chumbo que trazem a chuva,
no furta-cor das britas na chuva.

Um aguaceiro e as palavras caem
em camadas geológicas, inspiração
de santos medievais, estátuas mutiladas,
respirar de mantra e palavras brancas,
o giz dos esqueletos sobre as dunas,
as letras fósseis papiro sobre a areia,
ou voz que rasca o mesmo silêncio.

Em meio ao chumbo (vôo violáceo)
perde-se o raio
no céu obscuro, e nos teus lábios
os pingos rolam, rolam cristais
na palavra chuva.
Gotas escorrem pelo teu rosto
(entre os acenos, girassóis brancos).

E as torrentes de rápidos,
a dispersão dos átomos, vozes fora de foco,
os olhos que se fecham, sossegam,
deixam que a chuva
afague, lave a pele das pálpebras,
deslize, forme lagos, se afogue
sob o teto curvo
(arco de pleno cimbre)
do céu.

   Grãos de penumbra entre as colunas gregas,
   teu corpo assoma e some se escondendo
   sob as organzas que o vento desdobra
em vestes de escamas transparentes
que a corrente refrata, em tafetás
e *lieder* boiando entre pétalas,
entre os ramos floridos de suas mãos
– sereia que se encanta nas laudas, brancas
(*the rest is silence*) da loucura,
   Foges de mim mas o cinzel dos sonhos
(o êxtase preso em polidez de pedra),
   grava em teu sono imagens de abandono
   que a vigília transforma em estátuas
   transfiguradas a golpes de faca:
figura nua que o tempo estilhaça
entre lamas e flores flutuantes,
submersa no próprio canto, suicida:

(Destruir rostos de auroras,
esculpir a aurora em rochas do deserto, polir

> *auroras, esquecer os não-olhos*
> *da Aurora de Rodin, seus cabelos de marsílias*
> *maceradas flutuando no mármore,*
> *o trevo d'água na brancura*
> *estagnada, sem flores, sem nenhum líquen*
> *colado ao granito — veias, artérias, ramificações*
> *de folhas de artemísia, cristais iguais*
> *às samambaias destruídas —,*
> *as rosas redivivas.)*

um excesso de lucidez ou láudano
na partitura de chuva entre arrudas?

> Sol branco, sol negro,
> lembro e esqueço de lembrar
> que levo a memória
> no corpo, como um amor
> (sol branco, sol negro),
> e agora a afogo, musa perdida,
> nas águas mornas do esquecimento.

Dólmens, pedras, vejo altares
e marinheiros que vagam entre orfeus,
teus olhos fixos nas dunas movediças,
os pés na neve de Rimbaud.

E os desertos
— desfigurando a geografia —
ressurgem baços
entre os semáforos.

Loas, lírios para o sol
cego em sua brancura de fogo.
Voragem de mil sóis,
as flores,
pênseis no ímã dos capítulos,
voam, decapitadas.
Um corpo inverte sua sombra
na superfície violeta,
tarrafas brancas abraçam o ar,
na névoa esbranquiçada da palavra opalina,
imagem distraída na finura luminosa
da retina, em sua arte de arestas,
saara ou sibéria,
na defesa insensata da beleza.

Todo reflexo mira outros ecos,
e o tempo escorre
reflexos fluidos no espelho
curvo das diferenças.

(Entre as granadas infravermelhas,
as jaças pétreas.)

VI

A luz seja de zênite, ou sombra amazônica,
o corpo (espessura) estar além do corpo,
e estar também em si, como a cor em si mesma.

Vislumbra a lucidez, feliz, suas ausências,
e os inversos se unem, as raias se rasuram
à vária, e nunca igual, magnífica *maniera*:

imantada ao visível a matéria invisível,
infólios incorpóreos desfolhados por cegos

(e o suor nos poros,
ásperos).

Poemas esparsos

IMAGENS DO MUNDO FLUTUANTE

Rivus

A água mede o tempo em reflexos vítreos. Mudez
de clepsidras, no sobrecéu ascendem (como anjos suspensos
numa casa barroca), e em presença de ausências o tempo
se distende. Uns seios de perfil, sono embalando
a rede, campânula encurvada pelas águas da chuva.

No horizonte invisível, dobras de anamorfoses;
sombras que se insinuam, a matéria mental.

Schisma

Cobre se refletindo a ouro e fio nos olhos:
sem pano nem cordame, os móbiles oscilam, barcos
sem rumo, a esmo (desertos), rio adentro
(no leito cambiante), sem remo ou vela
ao vento. Vogam no entremeio, rio afora,
no linde (os sonhos) – superfície.

Nuvens e água, pênseis, flutuando nos olhos.
Inverso de mortalha, os lençóis correm em álveos:
os barcos têm velâmens.

Restis

Um vento anima os panos e as cortinas oscilam,
fronhas de linho (sono) áspero quebradiço; o sol passeia
a casa (o rosto adormecido), e em velatura a luz
vai desenhando as coisas: tranças brancas no espelho,
relógios deslustrados, cascas apodrecendo em seus volteios
curvos, vidros ao rés do chão reverberando, réstias.
Filamentos dourados unem o alto e o baixo

– horizonte invisível, abraço em leito alvo:
velame de outros corpos na memória amorosa.

Velum

Lúcido pergaminho, pele argêntea, de prata
(bolsa d'água, placenta), nas raízes aéreas. A cera
e a polidez da pétala encoberta: brácteas
que se abrem (túnica) e desabrocham: filandras
e nervuras na placidez selvagem – flor
e acontecimento que se desdobra em flor.
(Velâmens, em camadas, evoluem no ar.)

A gravidez sem peso dos pecíolos no limbo.

29 dias

restos de flores de goivo,
gomos e lábios vermelhos
– o lento engenho do jogo
no começo dos afagos

(sobre o leito frondoso
o alvorecer poento
encontre os noivos reclusos
dentro do próprio desejo)

dedos trêmulos e beijos
sobre seus cabelos negros
– lampejo sombrio do gozo
no fôlego dos abraços

(junto aos latejos do fogo
o poente poeirento
encontre os noivos desnudos
no assombro do silêncio)

restos de flores de goivo
sobre seus cabelos negros

COSTA DE DENTRO

para Jero e Julia

ao rés da relva
cores
acordam amarelas

quem sabe sejam só
(g a r a p u v u   g u a p e r u b u)
flores dispersas, flores
(g u a p i v u ç u   g u a p e r e v u)
rente ao limo do açude
(g u a p u r u b u   g u a r a p u v u)

ou um viés de sol

réstia do alvorecer
a rebelar-se
(a sós)

g u a p u r u v u s

p é t a l a s

FRAGMENTOS DE UMA *RENGA*

O dia um sol
de filamentos metálicos.
Nenhum fiapo
(passos desolados)
ou esgarço de sol
sobre o meio-fio.

O fulgor quebradiço
de ocres e sienas
em teu rosto avesso (vento
em remoinho, secor de deserto)
sem olhar pra trás.

Matizes, cinzas, do negro
ao gris. Lumina em breu (Alguém
ao longe) tua noite insone. No lixo
um peixe perde as escamas
– (entre a fuligem) jornais de ontem,
negrume e prata, as nódoas podres –
vendo o sol sobre nuvens.
      (vendo o sol sobre nuvens.)

APÊNDICE I

Corpografia: Variações sobre um mesmo corpo
Eduardo Subirats
Severo Sarduy
Néstor Perlongher
Rodrigo Garcia Lopes
Haroldo de Campos

O continente explorado
Eduardo Subirats

Sabemos que o corpo é um continente pleno, atravessado pelo tempo e pelo espaço de relatos simbólicos sem fim. Lugar de castigo e de dor, como no mito das enfermidades divinas e sofrimentos de Jó, ou de metáforas eróticas, como no *Cantar dos Cantares*, o corpo também foi – por exemplo, no mito das torturas físicas de Jesus – a superfície de registro de uma ordem hierárquica de símbolos e poderes, de identificações gregárias e institucionais, e das correspondentes catexes sexuais.

Existe um discurso negativo sobre as hierarquias institucionais, as proibições, os territórios privilegiados para a localização de experiências sublimes ou estratégias perversas: por exemplo, nos sistemas inquisidores dos confessionários que eram usados na América nos primeiros dias da colonização e da cristianização, como um mecanismo de crueldade destinado a apagar, por meio da dor e da angústia, qualquer memória histórica, qualquer autonomia das formas de vida antigas, e a impor sobre a superfície violentada do novo corpo cristão a ordem de culpabilidades e castigos, o sistema de salvações imaginárias e poderes messiânicos. É interessante, nesse sentido, o quadro lógico de relações entre torturas específicas para zonas concretas do corpo e as gradações de culpabilidade quanto a crenças heréticas ou transgressões institucionais da ordem normativa da Igreja, conforme comenta o *Manual dos Inquisidores* de Eymerich.

O pensamento moderno explorou amplamente as dimensões simbólicas, os territórios mnemônicos e as formas expressivas do corpo humano. Os estudos sobre a histeria de fins do século passado constituem um gênero em si mesmo. Seu correlato contemporâneo, na esfera de nossa vida cotidiana, é constituído, num extremo, pela publicidade, e no extremo oposto, pela clínica. Para ambos o corpo é um lugar de metáforas: os órgãos perigosos, suscetíveis de processos clínicos regressivos, as zonas sensíveis a infecções e doenças, os lugares privilegiados como zonas erógenas na indústria do prazer, ou os centros nevrálgicos de um simbolismo luxurioso para a avidez do consumo mercantil são outros sintomas de uma linguagem coletiva e ao mesmo tempo colonizadora do corpo e de seus significados.

Creio que essas formas simbólicas, culturalmente impostas através de sistemas autônomos de socialização ou de instâncias externas de controle e punição, são importantes como ponto de partida para uma reflexão alternativa sobre o corpo: o cuidado erótico do corpo dos amantes ou o cuidado simbólico e expressivo do corpo poético.

Irezumi[1]
Severo Sarduy

Irezumi[2] parte do que constitui, por definição, a tatuagem: é indelével. Para suprimir uma tatuagem seria preciso arrancar a pele. O único modo de eliminá-la, de desvirtuar ou inverter sua significação, é acrescentar *mais tatuagem*, completar o desenho intruso com outro, integrá-lo numa composição mais vasta, que o afogue em seu grafismo e o neutralize em sua rede. Assim, nesta ficção-documental, chega-se a saturar, a cobrir todo um corpo. Não excessivamente extenso, é verdade: trata-se de um anão. Três relatos cabem em sua pele.

A cada relato corresponde um *irezumi*, um motivo aparentemente ornamental; na realidade, emblema de uma seita, traço de uma iniciação ou de uma conjuração que o relato seguinte deve apagar. Tratar-se-á, a cada vez, de uma questão de vida ou morte: salvar, cifrando-a, a própria pele.

A parte documental está integrada à ficção: consiste num catálogo de *irezumi* – constituído a partir do livro de Michel Thévoz, *Les corps*

---

[1] Com seu texto *Irezumi*, Severo Sarduy encaminhou a seguinte carta aos autores: "París, 20/VII/92. Queridos amigos: sólo unas palabras porque el calor impide pensar. París arde. Me pregunto cómo es posible que Góngora escribiera las *Soledades* en pleno verano andaluz y Lezama *Paradiso* en ese horno que es La Habana en toda estación. ¶ El proyecto, demás está decirlo, me interesó; de las tres vías que indican la que más me concierne es la tercera: cerrar el cuerpo – la imagen teresiana de las moradas no está tan lejos –, considerarlo como un "coloso impenetrable" o como una torre sin acceso. ¶ Me impresionó la idea de que en Japón hay museos de tatuaje; también la idea lacaniana de que la inscripción, cicatriz o tatuaje, *sutura*. El cuerpo es algo que hay que terminar. Lo que les envío es inédito; estaba destinado a la imagen, no sé cual. ¶ Un abrazo grande a Haroldo; por aquí anda medio Brasil. Un abrazo, Severo." (N. do E.)

[2] *Irezumi*: figura ou "motivo" de tatuagem no antigo Japão e, por extensão, nome do museu que hoje reúne essas peles perto de Tóquio.

peint, publicado por Skira – que um tatuador profissional mostra ao anão, bem como da entrevista com esse tatuador – Bruno ou Etienne, ambos em Paris, de "ideologias" e técnicas opostas, também em sua inserção na cidade: um "manual", com motivos tradicionais e em Pigalle; outro elétrico, indolor, com o alfabeto *punk* e na Bastilha.

O tatuador responderá sobre o significado dos motivos que o relato utiliza, ou que o relato seguinte trata de eliminar, e sobre como integrá-los a outros que os dissimulem, sobre como obter um *simulacro*, um palimpsesto na pele.

Os relatos não têm unidade de tempo nem de lugar: só o anão e suas inscrições sucessivas os vão armando e integrando num *patchwork* ao mesmo tempo gráfico e verbal. As três ficções atravessam o tempo: a vida do anão é tão limitada quanto é exígua sua superfície. Sua pele é um diagrama e um mapa.

PRIMEIRO RELATO

Passa-se na Espanha barroca, ou melhor, em *Las Meninas*, e seu emblema são *dois olhos* profiláticos, egípcios, de enormes íris em cores concêntricas, tatuados no peito dos iniciados. A ficção parece uma re-ativação perversa e mórbida de *Las Meninas*. Como as máscaras de madeira japonesas que, conforme a expressão vocal do portador, parecem alterar seus traços, ser outras, os rostos do quadro, enfocados em *close-up* enquanto o relato se desenrola em *off*, lançarão uma luz diferente, dirão a verdade do quadro, o que acontece nesse segundo de representação, que é também a solução de um enigma. Trata-se de uma "limpeza" do quadro, de sua virada pelo avesso.

O anão, travestido de Maribárbola, é o chefe dos conjurados. Tentam destronar o inocente retratado e instaurar – guerrilheiros palacianos, integristas ou fanáticos – uma utopia igualitária, baseada na constante observação e crítica – daí o emblema – do próximo.

O quadro representa o *paso al acto*, tramado em longos conciliábulos, da subversão. Fizeram a Infanta posar, no calor dos aposentos fechados e cobertos de quadros, durante todo o meio-dia. Sedenta, ela pede à María Sarmientos um dos refrescos que a açafata prepara.

Todos sabem que esse veneno – irão sendo enfocados os objetos e os rostos – é o começo do fim. Todos: Nieto Velázquez, que foge pelo fundos, sigiloso, aterrorizado pelo que vai acontecer um instante depois da representação; os aposentadores, apreensivos e sussurrantes; Isabela de Ulloa, quase lutuosa; e o próprio mestre da representação, Velázquez, cujo olhar, agora compreendemos com toda nitidez, é o de um culpado.

Enquanto o áudio descreve a seita, seus projetos e a utopia final, no vídeo assistimos, paralelamente, à conversão do anão: sua cuidadosa tatuagem e depois sua dissimulação, seu travestismo. Já transformado em Maribárbola, olha: a história está na história como o quadro no quadro – afirma com astúcia: no peito do mestre virá cravar-se uma cruz. Com o alfinete molhado no mesmo veneno.

Sobre os olhos de Velázquez a mão, com a cauda de uma serpente tatuada, rabisca os olhos da iniciação...

SEGUNDO RELATO

Seu emblema é uma jibóia. Os grandes olhos da tatuagem anterior serão integrados ao novo desenho: uma jibóia gigantesca, que rodeia o torso do anão e que termina, seguindo o braço direito, na mão.

Descobre-se a conjuração. É preciso fazer com que os signos desapareçam. O tatuador intervém e explica que para fazer desaparecer uma tatuagem é preciso integrá-la à outra; mostra o vasto catálogo de seus "motivos" e explica o simbolismo de cada um. Decidem-se por uma grande serpente de escamas azuis e douradas.

A seqüência seguinte desenrola-se num velho café-concerto, ao mesmo tempo miserável e barroco. Decoram o cenário brinquedos desmesurados, flamingos e libélulas. O anão, nu, mas envolto numa jibóia de arminho, grosseiramente pintado como uma estrela do teatro expressionista, canta e dança. Sua voz, como era de se esperar, é a de Shirley Temple.

Com esse estratagema pretende escapar dos arcabuzeiros do rei, que prometeram exibir sua cabeça numa lança. No quadro, uma grande cruz de sangue cruza a cabeça de Maribárbola.

Certa noite, chegam. Arrancam da cantora franzina e apócrifa sua jibóia de arminho, em meio ao labirinto de espelhos que é seu camarim, para descobrir a tatuagem dos olhos, o culpado. Em vão – os espelhos irão refletindo os detalhes: sob a jibóia de arminho, *que a cobria exatamente*, uma jibóia tatuada.

Envelhecido e piedoso, o anão deambula hoje pelos circos rurais, exibindo sua ourivesaria dérmica. Mas a seu *irezumi* pessoal esse taumaturgo acrescenta um prodígio único: uma jibóia viva vem se enroscar, durante o número de canto, em seu peito, até *recobrir exatamente a jibóia tatuada*...

TERCEIRO RELATO

Um guerreiro japonês armado com um sabre ocupa todo o dorso: a serpente foi integrada a um dragão. Ideogramas auspiciatórios e sangrentos cobrem todo o corpo do anão, até as pálpebras e o crânio, até o interior das orelhas e do ânus.

Samurais, opiômanos, um imperador e um mago...

A paisagem dos corpos
Néstor Perlongher

Enrosca-se em torno do corpo acobreado (recuperado agora em devir arbóreo) a luxuriosa liana, talhando cicatrizes como signos labirínticos na pele da tatuagem. Enroscam-se também o olhar e a língua, arfantes no afã de reverter, em imagens ou palavras, a assombrosa anaconda vegetal que comprime, até fazer saltar seus órgãos internos e exibir à luz brunidas superfícies interiores, o torso da vítima propiciatória de um ritual.

Digno? Macabro? O que importa é que seja eficiente em seus efeitos, como um *payador que arroja la taba y le da culo*[1]. A arte, a escritura, valem por sua proximidade com o desastre, à maneira da *petite morte* batailliana. O emaranhado das linhas (linhas de fuga, linhas de força) simula apenas a dantesca proliferação verdosa da paisagem. Entre o olho que vê e a mão que pinta, impõe-se a *contorção* vertiginosa do corpo em translação selvática.

Contorção, palavra-chave. No barroco, o corpo se drapeja em rictos que figuram a trágica complexidade do mundo, simulando-a na ânsia de alcançar o dionisíaco ou o divino. Corpo enroscado, os órgãos no estiramento ou na *histerese*, como diria Deleuze, adaptam-se à sua atual natureza de parreira enredada, arrevesada.

Para perceber essa figura em ação nada melhor, talvez, que recorrer à *Santa Teresa* de Bernini, onde músculos se tensionam como uma flecha na doce dor do êxtase. É que o corpo barroco é um corpo em êxtase,

---

[1] Na América hispânica, em especial na Argentina, *payador* é o cantor popular e errante, espécie de repentista, que participa de torneios poético-musicais, e *taba* é o jogo do osso, vencido por aquele que fizer tombar o lado chato da tava para baixo. *El culo* é o lado redondo. (N. do T.)

assim como a estética barroca é uma estética do êxtase, conforme sustenta Christine Bucci-Glucksman em *La folie du voir*[2]: Um êxtase visual. Flutuação, suspensão das estátuas no espaço intenso onde revoluteiam as almas em levitação: *Tudo entra em suspensão, tudo levanta vôo*.

Mas o êxtase é também, segundo a mesma autora, um "ponto incandescente da linguagem". Como se juntam a pintura e a poesia? Mais que complementar-se, elas enroscam-se, enrolam-se, entreveram-se, imiscuem-se num íntimo alheamento, já que uma diz o que a outra reluz. As noctilucas traçam o hieróglifo misterioso de suas luzes discretas na areia molhada da noite.

Corpos, corpos, tudo são corpos. Corpos emaranhados no êxtase erótico da fumarada saponácea, ao modo das trepadeiras furiosamente incrustadas no inferno vegetal da selva úmida, nos vapores do húmus aplainado pelo apodrecer perfumado das folhas, estendendo um tapete de pelúcia por onde desliza o silêncio de suas patas a onça manchada de ferrugem, de seu ventre viscoso a serpe bicolor. Corpos outras vezes marinhos, náufragos na imensidão envolvente da onda, ressecados na praia nua onde se vislumbra apenas o enviesar do albatroz, advindo rapace, que virá dilacerar, bico em riste, os farrapos ainda encharcados. Corpos cruentamente abandonados na solidão dos escritórios, nos maciços arquivos de ferro forjado, na música metálica das máquinas estridentes, à sombra ameaçadora da multidão (liderada, como alucinava García Lorca em Nova York, por uma mulher gorda) que urina furiosamente contra a paisagem. E depois, ao sair, em busca do sanduíche vespertino, o chiado das borrachas das máquinas de fogo que num deslize arrebentam as vísceras das vítimas. Infelizes corpos! Sempre apodrecendo, sempre desabando, inconstante semeadura de frágeis projetos de ruínas.

---

[2] Christine Bucci-Glucksman, *La folie du voir*. Paris, Galilée, 1986.

Mas o que acontece com esses múltiplos corpos se, resgatando-os como um demiurgo de sua completa devastação, começamos a esfolá-los cuidadosamente, seguindo precisamente as instruções de Salvador Elizondo em *Farabeuf* ou as de Osvaldo Lamborghini em *Sebregondi Retrocede* (neste último caso, trata-se de um corpo proletário, lançado à vala da morte por um bando de meninos burgueses)? A esfolá-los e a estender, meticulosamente minuciosos, as fantásticas irisações de suas peles internas, manchadas pelos horrores pagãos da natureza, do puro devir dos corpos; e a esmagar contra as páginas dos pergaminhos, como filma Peter Greenaway em sua visão de *A Tempestade*, os órgãos internos, gotejantes do elixir avermelhado que fazia as delícias (e as loucuras) da Condessa Batory e de seu parente distante Gilles de Rais. Obedecendo, talvez, aos imperativos com que Lyotard abre sua *Economia Libidinal*:

> Abri o suposto corpo e desdobrai todas as suas superfícies, não apenas a pele com cada uma de suas pregas, rugas, cicatrizes, seus grandes planos aveludados e contíguos a ela, o couro e suas grenhas de cabelos, a macia pele pubiana, os mamilos, as unhas, os ângulos transparentes sob o calcanhar, a leve alfaia enxertada de cílios, pálpebras, mas abri e estendei, exponde os grandes lábios, os pequenos lábios com seu retículo azulado e banhados de mucosidade, dilatai o diafragma do esfíncter anal, cortai longitudinalmente e estendei inteiramente o negro conduto do reto, depois do cólon, depois do intestino ceco, desde agora venda superficial estriada e profanada de merda, com vossas tesouras de costureira que abrem a perna de uma velha calça: vinde, dai à luz o suposto interior do intestino delgado, o jejuno, o íleo, o duodeno, ou então o outro extremo; desbridai a boca até as comissuras, desembridai a língua até sua distante raiz e lanhai-a, mostrai as abas das calvas-carnes coladas ao osso do céu da boca e de seus porões úmidos, abri a traquéia e fazei dela a armação de uma abóbada em construção; armados de bisturis e das pinças mais finas, desmantelai e depositai os feixes e os corpos do encéfalo; e depois aplainai toda a rede sangüínea, intacta sobre uma imensa pança, e a rede linfática e as delicadas peças ossudas do pulso, do tornozelo, desmontai-as e colocai-as uma após a outra com todas as camadas de tecido nervoso que envolve o humor áqueo, e com o corpo cavernoso da verga, extraí os grandes músculos, os grandes filetes dorsais, estendei-os como polidos delfins que dormem[3].

Escrever/inscrever nos corpos, não só à maneira da *tatuagem* de Severo Sarduy mas, sobretudo, do *talho* lamborghiano, que não apenas pinta, mas também talha a pele e raspa o osso. Irrompe talvez a piedade, ou o deleite incontido que escorre dos lábios dos executores (sacerdotais, à moda asteca) fascinados pela tentação do corpo disposto em fatias como presuntos caleidoscópicos em fórmicas quase translúcidas. Transparência do ar gélido da morgue, onde se estira o corpo agora jacente à espera dos bisturis e pinças que escrevam a destempo, grotesca ou ferozmente, a condenação da penitenciária kafkiana, intraduzível a outro registro que não fosse o da dor. Corpos doentes, desfalecentes, desvalidos, não tanto à maneira das bailarinas de Degas, por ajustarem excessivamente o talhe do corpete, mas sim dos que se depositam nos corredores dos hospitais reclamando, no fim, imperiosas biópsias. Penetrações da luz pelas bainhas interiores: como a fascinação das endoscopias azulando tortuosos torvelinhos no vértice das mucosas...

E o que acontece, então, com os que se lançam a uma profanação estética do corpo, levados por uma *curiosidade barroca* tão desmesurada como a que impelia os conquistadores a descobrir sereias nos traços torvos dos manatis? Esses ousados andam à pesca de uma espécie de alma anterior, *uma alma como alma do corpo*, uma *alma atômica*, como a esboçada por Scherer e Hocquenghem no livro assim chamado[4]. Essa a aura — nem tanto a aura histórica —, a aura fria e nebulosa dos pântanos, dos confins indiscerníveis da terra, as auras das almas em flutuação errática fulgurando suavemente.

A pesca é o lançado ou o laçado da rede nas águas turbulentas da língua, da imagem. Ora o cristalino rociado das cintilações mutantes, como a vista depois de um fundo de olho, ora a glote glaçada de babas

---

[3] J. F. Lyotard, *Economia libidinal*. Barcelona: Saltés, 1979.
[4] Guy Hocquenghem e René Scherer, *El alma atómica*. Barcelona: Gedisa, 1987.

gelatinosas como claras fazendo ovo na liquefação vertiginosa. Corpos consumidos pela fotografia, como numa *nouvelle* de Michel Tournier, para conformar luxuriosas constelações de celulóide no ar de acrílico congelado. Corta-se o membro ainda robusto e toda a decalcomania das sangraduras e jorros diversos se lança para deslumbrar-nos (ferir-nos) em sua sórdida beleza.

Será que a *corpografia* é uma *cartografia dos corpos*?

"A paisagem – diz Lezama Lima – é a natureza amigada com o homem"[5]. Irrupção do carregado estilete da cultura na selvageria incompreensível, agora penetrada, desvelada, tornada gozo ou fruição estética. Untada pela luz da lente vigilante, a paisagem se humaniza ou se diviniza, adquire formas amáveis ou sinistras, veste de gnomos ou de basiliscos as anfractuosidades do relevo. Como o México alucinante visitado por Artaud: "A terra dos Tarahumaras está cheia de sinais, formas, efígies da Natureza que de forma alguma parecem nascidos do acaso, como se os deuses, que ali sentimos por todo o lado, tivessem querido sinalizar os seus poderes com estas assinaturas estranhas onde a figura humana é sempre atormentada"[6].

Uma paisagem de corpos lancinados: este poderia ser, arrisco, o objeto – plástico e literário – destas corpografias.

---

[5] José Lezama Lima, *La expresión americana*. Santiago do Chile: Ed. Universitárias, 1969.
[6] Antonin Artaud, *Os Tarahumaras*. Lisboa: Relógio d'Água, 1985.

bodyscapes
Rodrigo Garcia Lopes

paisagem do corpo. um poema. uma linha de fuga pontuada de surpresas, junções e disjunções – instantes. a paisagem toda agora somos nós, uma rede dinâmica de relações. o poema e o desenho *entre*: o leitor, neste momento. a escritura abrupta que captura *voyeurs* distraídos e os seduz. voltamos à vênus quando envolta em nuvens, quando estamos nus como viemos; um céu se arma sobre nós e nos desnuda: como na primeira vez. a paisagem, o poema é você. *landscape*. *bodyscape*. espaços a serem preenchidos. ela escapa, puro fluxo, eterno movimento. pensando e compondo com o corpo, não estático-passivo, mas um vórtex-*voyeur* à deriva, sem a ajuda da vontade. aquilo que se quer sem se impor. tentando não embaçar o que se vê com nossos gostos e desgostos. degustar. corpor. *mu-ga*. "o copo d'água não diz o que está pensando. meu corpo sim". pelas bordas do desenho e as dobras da linguagem. escrita seca. sem fim. mas ainda diz. ir aos pinheiros se você quer saber sobre pinheiros, ou a desertos, se você quer aprender sobre eles. beijo numa língua estrangeira. papel: babel. um corpo dentro de outro e fora de ambos. só assim você deixa de se impor nas coisas, quando você e o que se vê se tornam um. a percepção de um corpo, mesmo quando ilhado pelo olhar, é uma paisagem dinâmica, nunca se completa. é preciso captá-la, num segundo, depois deixá-la quieta, cuidando de si mesma. os olhos querem devolvê-la. ela se processa infinitamente, sensível a suas diferenças, a cada sopro, toque, marca, brasa, surpresa. corpos, copos de cristal. em todos, nossa impressão digital. dizer sem dizer. esse corte provocado pelo olhar, esse *still*, como uma inter-relação, revela que toda absorção ou impermeabilidade é precisamente *carne*. *flesh* e *flash*. o espaço entre o visível e o invisível. o grafite rompe esse véu, essa espessura. erige uma ruga, rasura essa gravura. mas a persistência, a aleg(o)ria dessa escrita, como um corpo no prazer, é imortal. a paisagem se transforma em função do lugar onde fixamos nossa atenção. processo mútuo de absorção, inscrição e fuga: o *entre*, mais uma vez. o corpo despraia a paisagem. a paisagem recupera o corpo. o processo e não o objeto. não o concreto, mas água corrente. fluidos. deZenhar ou escreviver sendo um vir-a-ser, não admite términos, nem objetos. o território nos escapa, pelo meio. ao mesmo tempo, esse vir-a-ser não está separado do observador. não há uma perspectiva mais "correta", apenas a que o vento, apenas sendo, vive dizendo: "olhando em todas as direções, não mais numa única direção". a idéia se torna uma multiplicidade, lança fios que se entrelaçam, tece uma teia de relações dinâmicas. aquele que guarda e cerca um corpo, um texto, um tecido, uma paisagem, não é uma entidade fixa. tudo está em contínua (mesmo que imperceptível) mudança. mas não é a dança do mesmo, e sim do múltiplo: há sempre um mais, uma diferença a esmo, um outro. você vê o que você vê. mas *quem* vê? mapear esse complexo de mudanças é o que chamamos *corpografar*: várias pessoas vendo a mesma paisagem: apenas de modos diferentes. esse deixar fluir, fugir, esse esquecer, esse lance de dedos, esse rapto duplo, esse riscar e apagar simultâneo não é obstruído pelo ego. da sacada, tudo passa a ser evento, mesmo esse momento: imagem-movimento. olhar-língua. o mundo sendo processo. como a luz, corpos e paisagens são fugazes. a gaze rasga e cicatriza. não percebemos uma coisa de cada vez, mas muitas coisas de uma só vez. um golpe de olhar. descontinuadamente. sacadas são fragmentos, olhares são furtos, curtos e furtivos. não se detêm em nada, mas passeiam entre cada coisa vívida. o olhar moderno morde, mas esse olhar de que falamos é antes, *atemporal*. uma paisagem não se move, ela nos comove. nada mesmo se move na paisagem mas há corpos inscritos ali. ali a luz tateia superfícies, tatua a água. ela é imperceptível, impenetrável e frágil. corpos e paisagens como musas dinâmicas, interpenetradas por nossa percepção. que fotografa.

ela se abre e revela todas as faces dos dados, os instantes que um poema deseja suturar. para abrir a terceira mente: "olhar e ao mesmo tempo querer ir além do olhar". o eterno prazer do vir-a-ser; toques, trocas e olhares transando linhas de fuga. a paisagem se move, enfim, vira um corpo sem órgãos. a blusa do vento se agita; tudo quer ser música. *maya*. captar sem se deter. cartografia do desejo. escrever sobre um corpo é inscrever-se e separar-se ao mesmo tempo. somos apenas gestos entre *a* e *b*. mas nesse entre há o eterno prise, reprise e prazer do vir-a-ser, o doce passeio entre esses dois territórios, derivando, virando, registrando, sempre, a passagem dentro da paisagem e vice-versa. a passagem da paisagem, sim, a câmara lenta do corpo, sem origem, sem vertigem, sem *trompe-l'oeil*, flutuando sobre esses espaços, disseminando silêncios. o olhar, à deriva, livre, vibra com as coisas imprevisíveis. desmanchando as margens do discurso. a viagem vai apagando paisagens, devagar. vão pintando outras, no caminho.

Londrina, setembro de 1992

poema em língua morta
poema en lengua muerta

no branco do papel semeei estrelas
en el blanco papel estrellas he sembrado:

o tempo – copy desk – tornou-me a escrita fosca
el copy desk del tiempo volvió mi escrita hosca

desconstelou-me as letras – amarela
desmenuzó mis letras – amarilla

conjuração de almaço decadente:
conjuración de infolios decadentes:

impossível de ler na lauda pardacenta
ilegible en las pautas pardacientas

um poema – este poema – em língua morta
un poema – este poema – en lengua muerta

(marcas de pó   o grafema das moscas)
(marcas de polvo   un dialecto de moscas)

Haroldo de Campos
Madrid/Residencia de Estudiantes, abril de 1992

APÊNDICE II

Os poros flóridos: Delta
Horácio Costa
Lucia Santaella
Affonso Ávila

Na sombra vermelha. Na sombra roxa.
(sobre um poema de Josely Vianna Baptista)
Horácio Costa

> *Now therefore, while the youthful hew*
> *Sits on thy skin like morning dew,*
> *And while thy willing Soul transpires*
> *At every pore with instant Fires*
> *Now let us sport us while we may (...).*
>
> Andrew Marvell, "To his Coy Mistress"

"There is shadow under this red rock / (Come in under the shadow of this red rock)", diz Eliot em *The Waste Land*, talvez o mais influente dos poemas que a modernidade nos tenha herdado. Possivelmente, referia-se à Igreja, a mais resistente das instituições já inventadas no Ocidente, produto mítico e prático de Pedro – "The Rock", termo com o qual a tradição da religiosidade nas culturas de língua inglesa refere-se ao pai fundador da igreja. Ainda em 1922, ano em que *The Waste Land* foi escrito, o invisível porém resistentíssimo tecido de símbolos e alegorias por séculos acumulados e estabilizados pelo imaginário religioso, ecoava de maneira, digamos, natural, na hora da escrita, estendendo sua presença sobre a mesma; neste sentido, não por acaso fala Eliot em "sombra" ao referir-se metaforicamente à igreja de Cristo no primeiro movimento de seu poema, cuja temática expressa é a aridez da vida moderna. O texto fora do texto, os valores assentados por uma cultura e uma sensibilidade multisseculares, ainda no quadro da cultura do Alto Modernismo, constituía um recurso, ou talvez uma sina, que o poeta necessitava considerar em sua escritura. Se terá sido esta ou não a montagem metafórica de Eliot na passagem citada, ninguém pode, evidentemente, afirmar com total segurança, porém sem dúvida uma de suas valências semânticas desenha-se dentro e em função do intertexto religioso – inda que adjetivar de "vermelha" a rocha, sem dúvida, acrescente à operação metafórica a ambigüidade, à medida que tende a liberá-la da alegoria estabelecida. Seja como for, hoje em dia uma leitura "cifrada" em constantes anteriores dificulta-se. Para o leitor contemporâneo, uma "rocha vermelha", antes de levar-nos à pulsante, sangrante igreja de Pedro, bem pode remeter-nos ao conhecimento escolar de que todas as rochas vermelhas são ígneas, devido ao seu conteúdo de minério de ferro. Hoje em dia, é provável que a *red rock* eliotiana nos remetesse antes à "Ayers Rock", essa formação rochosa tão cenográfica que fica perto de Alice Springs, no interior da Austrália, e dela ao filme *Priscilla, Queen of the Desert*, que a seu pé se desenvolve, do que ao mui venerável invento dos pais da igreja.

Abandonado o confortável intertexto, que lá estava para ser usado ou abusado, e borrado, por sua vez, o horizonte político-ideológico dos embates Este-Oeste que caracterizaram três quartas partes do século XX, o poeta contemporâneo procura outros veios, e encontra outros sentidos dentro da escritura, atenuando o "fora" e comemorando o "dentro". Se esse movimento de interiorização vincula-se à vertente de problematização metalingüística no texto literário, balizada desde o seu princípio pela abertura mallarmeana, também vem, por outro lado, permitindo o palmilhar de outras veredas. Menciono uma delas: o poeta trabalha com o seu corpo. Já não escreve mais sobre algo exterior, mas debruça-se sobre o imediato de sua fisicalidade. É um outro escrever sobre: sobre o corpo, não alegórica ou metaforicamente (a propósito de), mas sim em termos literais (como se em cima de). Não designando o corpo "trêmulo e privado" de nossa triunfante idade burguesa (parafraseio o título de um ensaio de Frances Barker, "The Tremulous Private Body", 1984), como tema ou reflexo, já não o corpo "épico" ou o "metacorpo" metalingüístico, mas sim como produtor e simultâneo receptor do texto. O corpo pós-(político)-ideológico, pós-"comprometido", mas também o corpo pós-barthesiano: o corpo como grau zero de uma deriva cada vez mais importante da escritura poética atual. Deriva e encontro: refúgio e prêmio no imediato da página, outro-mesmo de um corpo que a si se processa e se re-centra no âmago da experiência civilizatória, testemunhada pela, e testemunha da, escritura poética.

Evidentemente, esta postura, por recorrente que seja hoje, admite e reclama predecessores. Assinalo apenas dois, um mais afastado no tempo, outro recente, um pai-fundador da modernidade, outro da pós-modernidade, ambos igualmente influentes em relação ao que hoje se escreve: Walt Whitman e Severo Sarduy. Vamos no sentido inverso desta microcronologia.

Como que prenunciando a situação atual da escritura poética nos termos acima referidos, e ao mesmo tempo estabelecendo a ligação conceitual entre esta sensibilidade e o núcleo das proposições estruturalistas desenvolvidas nos anos de 1960, em *Escrito sobre un cuerpo* (1969), livro fundamental para a compreensão da evolução das idéias críticas na literatura latino-americana no pós-*boom*, já dizia Severo:

> La literatura es (...) un arte del tatuaje: inscribe, cifra en la masa amorfa del lenguaje informativo los verdaderos signos de la significación. Pero esta inscripción no es posible sin herida, sin pérdida. Para que la masa informativa se convierta en texto, para que la palabra comunique, el escritor tiene que tatuarla, que insertar en ella sus pictogramas. La escritura sería el arte de esos grafos, de lo pictural asumido por el discurso, pero también el arte de la proliferación. La plasticidad del signo escrito y su carácter barroco están presentes en toda literatura que no olvide su naturaleza de inscripción, eso que podría llamarse escripturalidad. (p. 52)

Se o conceito sarduyano de "escripturalidade", de ressonância tão estruturalista, não sobreviveu, outra coisa aconteceria com a visão da escritura como arte da tatuagem, como arte, portanto, fundamentalmente, radicalmente, corporal. Nela, como explicita a passagem citada, a noção de proliferação é básica, e não apenas devido a que vincula-se ao barroco, histórica e culturalmente sempre interpretado em termos que tais. Não há dúvida que o impulso barroco é eminentemente proliferante, que o barroco é selva e racimo à "n" potência, e que implica num descentramento da visão solar, circular, centrada, em prol do império da elipse e da conseqüente perscrutação sobre as superfícies curvas, excêntricas – tal e como o mesmo Sarduy estudou admiravelmente num outro livro (*Barroco*, 1974), estudo que retomaria em termos ainda mais revolucionários e surpreendentes em obra mais recente (*Nueva Inestabilidad*, 1987). Mais do que isto, na passagem acima desenha-se um horizonte sutil: o da escritura vista não como uma proliferação qualquer, mas como proliferação corporal, como simultânea afirmação e mutação do corpo (ou mesmo sua paradoxal negação), por meio do exercício – ou da transgressão através, melhor dizendo – dessa referida forma de "tatuagem". Discordemos ou não deste termo, não importa: aqui trata-se, mesmo que embrionariamente, de uma visão da escritura como uma virtualidade da pele, como uma sua extensão, como uma questão dérmica. Escrever como quem tem pele, e disso sabe cem por cento do tempo investido em fazê-lo; ainda, e mais intensamente ainda: escrever com a pele.

Falamos aqui da questão da proliferação do corpo em texto. No cenário da poesia moderna, essa questão encontra em Walt Whitman seu mais insigne rastreador. Whitman revolucionou a poesia em pelo menos dois níveis: o primeiro, de sobejo conhecido, vincula-se à inovação lingüística que seus versos representaram em termos de escritura poética ("eletricidade" era uma noção da qual se utilizava para descrever-lhes a rapidez e a fluidez, características que o poeta procurou manter a cada nova edição de *Leaves of Grass*).

O segundo, menos óbvio, diz menos respeito ao aspecto lingüístico que ao dos conteúdos que organizam sua poesia. Whitman não admitia que ela pudesse ser lida apenas em função da conquista formal representada pelo seu manejo do verso livre, e a via como uma junção de dois universos até então separados: o literário-estético e o corporal-político. Na verdade, como a crítica sobre sua obra vem enfatizando, Whitman foi o fundador daquilo que se convencionou chamar de *body politics*, noção tão influente na sensibilidade e no pensamento norte-americanos a partir dos anos de 1960. A *body politics* whitmaniana vai além da utilização política – ou pública – do corpo individual, e abarca a economia mesma da leitura de sua obra, conforme precipuamente almejado pelo próprio Whitman. Como diz Michael Moon em seu livro *Disseminating Whitman* (1993), por um lado o poeta "revises the readerly subjectivity in the direction of the heightened, transforming sense of the constructedness and hence the dense political meaning of all bodily experiences, erotic and otherwise" (p. 4); por outro, e complementarmente, parte fundamental da concepção do texto whitmaniano repousa no fato de que o autor "continually represents his own divagations between perceiving and presenting the text as a successfully achieved vehicle for disseminating physical presence" (p. 6). De novo, aqui, a visão da escritura como disseminação corporal, como extensão do corpo.

Tanto em Sarduy como em Whitman, em termos propedêuticos assim como no exercício de sua escritura, deparamo-nos com a noção básica da poesia como uma forma de fisicalidade, como uma atividade do corpo inteiro. A finalidade dessa operação obedece a uma estratégia dupla: por um lado, des-objetualizar o corpo, contra as leis do consumo ou do mercado, ou os postulados de uma ideologia ou de um processo histórico qualquer (Whitman); a segunda, e a partir disso, a de objetivar em termos tanto subjetivos como físicos a escritura poética, utilizando-se de um outro suporte (o corpo, justamente), tão meta-"literário" quanto trans-discursivo (Sarduy). Para lá dos diferentes horizontes retóricos entre ambos os poetas, de estilemas e preferências estéticas não-coincidentes, a mesma postura corporal-poética une o arauto mais completo da *American Renaissance* ao escritor mais importante do pós-boom latino-americano. Para ambos, a "literatura" só existe entre aspas, não se relacionando com nenhum "ismo" e sim com os dados e exigências do corpo, à sua "realidade" que não propõe ideologias e estéticas definidas senão sua plena, e direta, aceitação.

Nesta linhagem, neste arco de tensões e descobertas, insere-se a obra poética de Josely Vianna Baptista. Josely já havia explorado em *Corpografia* (1992) a noção do corpo como lugar de origem e de reverberação do texto poético. Naquele livro, os textos vinham dispostos em função de uma concepção visual organizadora da leitura, representada por uma série de "formantes" – unidades de estruturação formal – que, ao fornecer o leito para o fluir da escritura poética, delimitavam a esta o caudal. *Corpografia* apresentava-se à leitura como um texto contínuo – ou melhor, um texto no contínuo processo de fazer-se, fato que o desrespeito às notações diacríticas usuais assim como à seqüencialidade enunciativa tão-só reforçavam.

Ainda assim, apesar de todo o cuidadoso e polido aspecto visual e dessas, sem dúvida, conscientes opções de ordem estética e estético-ideológica, no meu entender, *Corpografia* era um texto-sobre o corporal. Em que pese que todo o aparato conceitualizador vincule estreitamente *Corpografia* a *Os Poros Flóridos* – no que revela-se a persistência do núcleo das preocupações poético-escriturais de Josely –, em contrapartida, este último livro, escrito desta vez em forma de fragmentos divididos em seis seções, de micro-unidades que, como pequenas incisões, "tatuam" e voltam a tatuar a pele da página, parece-me mais plenamente um texto-corpo. Nele, os fragmentos/incisões se multiplicam, retomam-se e se solucionam (tanto no sentido de "solucionar-se", resolver-se, como no de "apresentar o resultado da dissolução", dissolver-se em solução), como se aludindo à descontinuidade mesma da percepção corporal, tecendo-se em contraponto entre o impulso à escritura descorporalizante, ex-centralizadora, e o da central percepção corpórea. Devido à sua montagem um tanto aleatória – à sua, diríamos, gestualidade orgânica –, é um poema que constantemente aponta para a incorporalidade – noção fundamental para a definição tanto literal como histórico-cultural do corpo sólido, físico, preciso. Nesse sentido, *Os Poros Flóridos* produz-se e equilibra-se perto da etereidade da matéria, para não dizer de sua inata fragilidade:

> Os poros flóridos,
> gotas de sangue em flores, espessura
> do corpo que morre e renasce
> em leito de nevoeiros, em nuvem, em sopro,
> em nébula de flores, em divina neblina
> de limbos e corolas, no respirar de um deus,
> no ar de uma palavra, entre a palavra-alma,
> entre a palma das mãos, e em renovos
> velosos, no veludo dos brotos,
> no gozo de teu riso
> em corpo de linguagem.

Poema atravessado por ares, por partículas de constante atomização, *Os Poros Flóridos* – valha dizê-lo, ao contrário de *Corpografia*, sujeito ao peso da racionalidade, como indicado por seus "formantes" –, florescem em razão metamórfica, que é meta-razão e é também órfica (numa passagem identifico esse aspecto: "Nas folhas soltas das metamorfoses / [se dos poetas valem os presságios] / fundo-me [...]", na qual o termo fundamental do primeiro verso – "metamorfoses" – é complementado pelo segundo – "presságios", de origem órfica, para que a "fusão" possa dar-se no terceiro). E desta fusão a escritura processa "Páginas virgens que os beijos / abrem, transe de laços, vestes / que caem, ilha de estrelas / em meio à espuma: galáxia rubra / que o mar inscreve em *rouge / baroque* por toda a praia".

Mas aquilo que floresce, flora ou epiderme, é também, valha dizê-lo, o que fenece, o que fenecerá ([...] entre os corpos / brancos do sal evaporado / a febre / porejando seus anéis / de serpente"). A sombra vermelha da paixão, do ápice vermelho e barroco, do *épanouissement*, converte-se, devido ao peso lógico da promessa semântica, em sombra roxa, que alude a uma outra paixão, a Paixão que implica o gasto e o desgarramento da matéria, sua finitude, e que recupera em incerto hematoma o que fora carícia ("Rito de esporos no ar vazio / *violetas murchas recobrem os lábios, / os lábios abrem outras paisagens* / a morte agora metamorfose): / vermelhos, tintos, lírios retintos"). Essa, a "(...) sombra mais certa das sombras / calcinadas que me cercam", diz Josely.

E a que paisagem referem-se esses poros que florescem e arfam, mutando-se e no entanto, e constantemente, já mutados em febre e promessa de desvanecimento? Diria que à paisagem genésica, da troca do mar pela terra e vice-versa, a derme do emerso dialogando, interpenetrando-se (se possível fosse, e o poema nos permite crer que sim) com a do imerso, assim como a que o corpo individual desenvolve com um outro corpo, sempre demasiado e proliferante. Deste corpo preciso, ímã e magma, a paisagem do poema expande-se em sentido e busca de sentido, até o experienciar dermicamente toda a criação – que é, *mutatis mutandis*, a mesma coisa que dizer que o horizonte corporal se confirma a cada passo dessa viagem ambiciosa, de ida e regresso, e regresso e ida à matéria.

Se aqui podemos identificar a origem ôntica do poema, em sua concreção textual, creio eu, Josely parece ter bebido de duas águas, que se traduzem em duas "famílias" literárias. A primeira trata-se de Rimbaud e faz vincular o tema da viagem à "ebriedade" que isso implica: *Le Bateau Ivre*, citado expressamente numa passagem ("J'ai heurté, savez-vous, d' incroyables Florides"), ilumina desde o título *Os Poros Flóridos*. O impulso rimbaudiano de entrega metódica a estados alterados da percepção (ou da consciência), tanto quanto a muito rimbaudiana tendência a persistentemente elidir o referente para realçar o significado no nível do verso, como que instalando-lhe uma tremulação semântica febricitante, parece ter estado presente – como o que Eliot chamava de *objective correlative* – na mente de Josely, quando da escritura de seu poema. Na "família" de Rimbaud, o re-educador dos sentidos, inscre-se outra importante peça intertextual em *Os Poros Flóridos*: a de Haroldo de Campos, o educador dos cinco sentidos, a cuja obra poética a visão do texto como uma "galáxia", primeiramente, mas também pequenas citações/incisões, remetem. A esta primeira "família" literária, concomitantemente ordenadora e desordenadora, *Os Poros Flóridos* devam talvez uma sua notável característica textual: a do trabalho milimétrico com a palavra e com o verso, de milimétrica alteração da palavra através do verso (como que seguindo um preceito no qual Josely declara: "Nas coisas que se pensam / mesmo sem que a luz / brilhe sobre elas"), como se a razão metamórfica fosse necessariamente detalhista, tão precisa quanto caprichosa frente a uma vivência entre extática e delirante ("Na moldura da página, / marginália de escarpas").

A segunda "matriz" que estende sua sombra – aqui não vermelha nem roxa, mas sim textual – sobre *Os Poros Flóridoss* parece provir do arco barroquizante que vincula Lezama Lima – de cujo *Oppiano Licario* provêm a epígrafe de *Os Poros Flóridos* – e, dele, a toda tradição gongorizante hispânica, a Jorge de Lima – e mais exatamente à aventura textual de *Invenção de Orfeu*, aquela grande obra ainda aberta dos momentos finais de nosso modernismo, que ronda e ronda, em sua desigualdade estética e devido ao seu barroquismo estranho e promissório, considerando o contexto brasileiro, parte da poesia que se escreve no Brasil na última década do século. O texto lezamiano, proliferante e alusivo, parece complementar-se com a composição estrutural fragmentária e a escritura não menos alusiva de *Invenção de Orfeu*, para caracterizar o tônus de *Os Poros Flóridos*.

A esta segunda família remetem pequenas porém constantes inversões sintáticas que pululam no poema ("De superfícies as nuvens sem céu"), correspondências fônicas imprevistas ("Rente à *delicadeza* das plantas / (...) / a *zarabatana* aérea das sementes", grifo meu), nas quais o processo de consonantalização predomina, e mesmo o gosto por rimas preciosas (dois exemplos: "leonina" com "opaline"; "adolescente" com "opalescente").

Detenhamo-nos um pouco mais sobre esta família. Primeiro, Lezama. O texto lezamiano imprime-se em escansões que retomam a sensibilidade marinista, e que se traduz em auto-dosada utilização da *maniera* elíptica na elocução. Cito a seguir a parte final de *Os Poros Flóridos*, que expressamente se referem a este pendor:

> (...)
> Vislumbra a lucidez, feliz, suas ausências,
> e os inversos se unem, as raias se rasuram
> à vária, e nunca igual, magnífica *maniera*:
>
> imantada ao visível a matéria invisível,
> infólios incorpóreos desfolhados por cegos
>
> (e o suor nos poros,
> ásperos).

Se a idéia de tratar o universo material com símiles que tais ("infólios ... cegos") demonstra a riqueza da matriz textual pré-barroca, marinista, não é demais frisar que nestes versos também evidencia-se a *ratio* neobarroca, a "lucidez" lezamiana, que "vislumbra (...) feliz" suas próprias "ausências", espectadora e teatral diretora de seu próprio espetáculo. O mesmo princípio de teatralidade assiste, já referindo-nos a *Invenção de Orfeu*, à autonomeação de *Os Poros Flóridos* – lembremo-nos que a viagem textual daquele poema se dá sempre sob a ameaça e no simultâneo, paradoxal gozo de um "naufrágio" iminente, devido ao qual a completude mesma do narrado, e do processo de narração, revela-se como algo impossível, mirífico:

> *Esculturas de cal, gesso moldado,*
> *são os textos em branco desse espaço –*
> *os sonhos que esquecemos noutros claros*
> *fragmentos de textos insulados.*

ou num poema náufrago, enleado,
caligrama salgado de sargaços
jogando entre as marés.

Porém, vale dizer que, assim como o plano dos significados, o horizonte cultural – citações e sombras, ecos e ressonâncias, intertextos explícitos ou intuídos na leitura – também encontra-se em processo de metamorfização. Nesse sentido, não nos pode surpreender o depararmo-nos com certas constantes diccionais que nos remetem a arquitexturas datadas, como a de uma revisita ao parnasianismo (e menos ainda, neste caso, se considerarmos a presença textual de um Jorge de Lima, por exemplo). Já nos versos acima a visão do poema como "escultura" vincula-se à posição dos parnasianos frente ao texto, ao ideal de perfeição poética que, em princípio – isto é, em termos escolásticos – a tudo sujeita, mas que, graças à metamorfização mesma com a qual vem utilizada em *Os Poros Flóridos*, antes a tudo libera.

❦

Na sombra vermelha. Na sombra roxa. Como avaliar, designar com precisão, aquilo que atribuem-se o vermelho e o roxo, neste poema? Qual a fronteira entre o confortável e o concussionante? Nesta viagem à matéria, neste corpo-a-corpo com a criação, qual o gasto corporal do poeta? Quando torna-se roxo o vermelho, nesta atividade sombreada? E o sombreado faz-se sombrio? Num poema atravessado pela luz, pelo luminoso, a dificuldade de dar uma resposta satisfatória a estas perguntas ressalta em passagens como:

> Pequenos lanhos, sulcos na pele,
> gazes retorço por entre os dedos
> – vermelhos, tintos, lírios retintos.

Sejam quais forem as respostas ou o desenho que ambas as superfícies sombreadas assumam para cada leitor do poema, em *Os Poros Flóridos* Josely Vianna Baptista abre-nos à intimidade de um poema amplo em interrogações, à imagem e semelhança, e também à altura, do próprio estado do corpo, à *physis* que experimentamos e à qual retornamos descarregados de pesos ou convenções de vária índole, talvez perplexos, porém ainda assim prenhes de uma espécie de gratidão frente a este simulacro de perpetuidade carregada de glóbulos que somos, nesta mudança de medidas e milênio que vivemos.

Palermo, Sicília, 14 de junho de 1995

Porosidades e pontuações
Lucia Santaella

POROSIDADES

SIGNOS DE TODAS AS COISAS
existindo em todas as coisas: "simetrias das planícies, relevos do vento, marcas d'água na rocha, fraturas nas pedras, caligrama de sargaços, lendas dos moluscos, rugas nas conchas, som de águas, partitura de chuvas, dunas movediças, papiro sobre a areia, rosto da aurora",

FAZEM E DESFAZEM
secretos alfabetos, grafismos, escrituras da natureza: "textos em branco, textos insulados, poema náufrago, poesia sem enigma, páginas virgens, caligrafia opaca no opaline etéreo das areias, poema estranho trançado em esgarços de oleandros, poemas que se deixam, e as letras voam, revoam, fábula do nada, falhas dessa fala, voz na transparência, fábulas da fala, falhas desse nada, superfície de alvura ou árida escritura, corpo de linguagem, palavras em camadas geológicas, palavras brancas, letras fósseis, vozes fora de foco, névoa esbranquiçada da palavra opalina",

PAISAGENS PARA OLHOS FECHADOS
paisagens que o olhar não vê, que só se vêem de olhos fechados: "sob a cambraia opaca das imagens, a imagem reinventa a paisagem, imagem sobre imagem, cartografia fugaz de imagens peregrinas, e nada é imagem, em cada imagem o gérmen de um nome, imagem margem d'água, a imagem inteira enfim se entrega, imagens de abandono, imagem distraída na finura luminosa da retina",

MIRAGENS, REVERBERAÇÕES,
vagas alusões, memórias perdidas, lembranças não vividas: "sonhos que esquecemos noutros claros, letras desmaiadas das cartas nunca lidas, abraço imaginário de um amor distante",

SOMBRAS E LUZES QUE
do humano, demasiadamente humano, cerne do humano, traçam os desígnios dos desejos: "no invisível de olhos que se fecham em silêncio, o vento esculpe, lentamente, a paisagem de um rosto, olhar que arde, organza, na febre de um abraço, páginas virgens que os beijos abrem, transe de laços, vestes que caem, sangue que invade, súbito, as faces, os lábios abrem outras paisagens, olhos que se fecham, sossegam",

DELINEIAM CORPOS
pouco a pouco insinuados, flagrados na febre da vida, entrevistos, incandescentes, em detalhes fugidios: "e entre os corpos brancos do sal evaporado a febre porejando, enquanto corpos mergulham em câmara lenta, o suor do corpo em febre que se solta, corpo que se desveste, desmente, desvaira, espessura do corpo que morre e renasce, o corpo (espessura) estar além do corpo, e estar também em si, e o suor nos poros, ásperos",

EM CENA,
quando: "você me diz: *o mar parece verter ouro na praia, meias-luas a sombra das folhas sob o eclipse*, no outro eu que é teu, e o leve linho cru que nos desveste, gaze: tantos dias de sol em nossos corpos nus, e em meus olhos molhados teus cabelos, o úmido emaranhado de racimos no rosto, os lábios (respira o mar em dobras como um peixe) entreabertos – ostra",

INTERSTÍCIOS,
aparições do tu que escorre, surge e se desgarra: "entre os dedos lenhosos de teus pés, em teu rosto a paisagem, teu rosto em laguna de jade submerso, teu rosto submerso, teu corpo branco em mar de sargaços, mas teu olhar o mesmo, em íris-diafragma, teu olhar transparente, no gozo de teu riso, e nos teus lábios os pingos rolam, rolam cristais, gotas escorrem pelo teu rosto, teu corpo assoma e some se escondendo sob as organzas que o vento desdobra, grava em teu sono imagens de abandono",

NOS DESLIZAMENTOS
de um ego desprendido de si, errante, na deriva das formas, além do eu, aquém do tu, sintonizado no pulso da linguagem: "mergulho fundo e em mares isolados me agarro ao corpo como à linguagem que o corpo traz à tona, nas folhas soltas das metamorfoses (se dos poetas valem os presságios) fundo-me, além do mar, de mim, e do amor que seguirá se amando, e essa é a sombra mais certa das sombras calcinadas que me cercam, e em cada rosto que desconheço o gosto denso do teu silêncio, gazes retorço por entre os dedos, lusco-fusco de flores, observo o descenso da noite iridescente",

DOS POROS FLÓRIDOS

E PONTUAÇÕES

Os leitores que passaram pelos seis cantos do poema de Josely Vianna Baptista, *Os Poros Flóridos*, sabem que "Porosidades" é pouco mais ou menos do que um roubo de linguagem. Alguma convicção, desde a primeira leitura, de que o esgarçamento desgarrado da linguagem barroca de *Os Poros Flóridos* ocultava certas constantes, veias construtivistas, em seu seio, levou-me à busca de um teste interpretativo, que resultou no roteiro acima para uma leitura possível, entre muitas outras. Embora plausível (parece ter havido, de fato, a captura interligada de certas camadas temáticas recorrentes), essa leitura é perversa, pois emoldura, numa janela de fragmentos, a fugacidade de imagens multifacetadas, porosas, intercambiantes, boiando no *continuum* das coisas animadas e inanimadas, seres vivos e não vivos imantados numa só alma, instável, oscilante, volátil, metamórfica, mas única, singular, sagrada em sua unicidade.

Mais perversa ainda é a leitura porque obcecada pela impressão de que o movimento da profusão transbordante de imagens, em ritmo de alongamentos fluidos e paradas secas, o movimento das passagens incessantes de imagens em fusão e corte podem muito bem ser o movimento próprio do ato amoroso. Dois corpos incandescentes em ato de amor, amor que se oculta e se revela através das finas fímbrias, películas transparentes de paisagens mutantes. Enquanto os corpos ardem e suam – sol a pino e chuva de líquidos e estrelas, coreografias de plantas e nuvens, deserto, tempestades, naufrágio, pétalas e orvalho – nas contorções de membros que se enroscam e se despregam, colados e emaranhados nas circunvoluções do êxtase, pálpebras se fecham como telas sobre as quais correm imagens incorpóreas, delírio e miragem de paisagens que o corpo dita em língua de nervos, pulsões e músculos.

Os Poros Flóridos pode ser muitas outras coisas, mas é também uma cena de amor, tão-só e apenas uma cena de amor, vista através do cenário de imagens que escorrem por trás de pálpebras que se cerram enquanto o corpo ama.

Entretanto, além de não ter necessariamente um tal referente, pois, mesmo que houvesse, o referente não poderia ser muita coisa além de poros, referente perpetuamente elidido, escorregadio, no lusco-fusco de brevíssimas aparições (aliás, o que seria do amor sem o lusco-fusco?), apenas entrevisto por entre os rasgos do tecido verbal, *Os Poros Flóridos* é textura, texto nascido de textos. A par de possíveis influências e dicções tão incrustadas no poema a ponto de terem já se convertido em fala própria, há referências a paternidades mais ou menos explícitas, conforme podem também ser comprovadas no belo testemunho da poeta em correspondência trocada com a autora: "Faço, por exemplo, analogias entre imagens diversas, como num surto febril: a Ofélia shakespeareana, semi-submersa num regato por Sir John Everett Millais, com as mãos abertas e cercada de flores, entoando até a morte seus *letzte lieder*, vai ecoar nos 'ramos floridos', o *rakã poty* dos Guarani que, no vocabulário religioso, nomeia os dedos e as unhas de *tatachina rupa* (que significa literalmente 'leito de neblinas', e refere-se ao côncavo da palma das mãos que guarda a 'neblina vivificante' – que, por sua vez, confere sabedoria e o poder de conjurar malefícios, infundindo vitalidade aos seres), e vai mesclar-se às flores do deserto, redivivas rosas-de-jericó (que rolam secas pelo deserto, aparentemente mortas, e, com a chuva, abrem-se em fruto). Perpassa o poema uma reverberação nebulosa, que encontra o olhar opaco e cego da Aurora de Rodin, extática como a Ofélia pincelada por Rimbaud, que viu sem ver (com seus olhos de um azul quase transparente) suas 'incríveis Flóridas' – assim como o sujeito híbrido, mestiço, ubíquo do poema".

Não é, contudo, só nas transmutações de textos alheios que essa obra se entretece, pois ela se desdobrou como rebento de uma obra anterior dos mesmos autores. Foi *Corpografia*, obra verbo-visual de Josely e de Francisco Faria, que deu à luz *Os Poros Flóridos*. Este, aliás, compunha uma das partes de *Corpografia*, justamente seu núcleo ou coração imagético: planos de paisagem-corpo-tatuagem-texto em seqüências, espelhamentos e palimpsestos enigmáticos.

O vínculo da arte visual entre ambas as obras está, de fato, nítido na migração das paisagens, espécie de herança genética que *Corpografia* legou a *Os Poros Flóridos* A mesma sensualidade figurativa, a mesma técnica "de gasto, de profusão, excessiva", dentro do negro, em oposição aos largos espaços abertos de ar e luz, aparecem como marcas inconfundíveis de paisagens que seriam banais se não fossem tão extraordinariamente anônimas.

Além das paisagens, que estariam ainda umbilicalmente ligadas à *Corpografia*, caso não tivessem se deslocado da posição de frontalidade quase absoluta dos planos médios para uma certa lateralidade do olhar em planos mais distantes, a arte visual de *Os Poros Flóridos* apresenta mais duas séries de imagens: flores e híbridos nascidos do cruzamento por analogia das formas vegetais com a arquitetura sagrada, particularmente do Oriente. Solidão sem misturas, completa, e nobreza, na sua elegância frontal, é o que as duas séries têm em comum, imagens para serem encaradas face a face, ao mesmo tempo que impõem ao olhar uma certa reserva e distância.

Algumas flores são carnais, eretas em sua corporeidade, pura carne ostensiva da flor, corpos de flores expostos em posição de pose à espera da captura de um olhar. Outras têm as pétalas despudoradamente abertas. Tão frontalmente abertas que a imagem estaria reduzida à bidimensionalidade mais chapada, caso o brilho intenso, quase metálico, do grafite não lhes desse o volume das texturas.

Os híbridos são impressionantes, monumentos vivos: entre a vida e a pedra, exibindo as harmonias perfeitas que abundam no orgânico, mas ao mesmo tempo pétreos, estáticos, resistentes à erosão de muitos ventos e reiteradas intempéries, matéria mimética à vida sonhando com a eternidade das rochas.

O diálogo entre a arte verbal e a visual, em *Os Poros Flóridos*, não é feito de reflexos tão imediatamente evidentes quanto em *Corpografia*. Longe de um jogo de espelhos entre o poema e as imagens, as justaposições apresentam-se em camadas distintas de sentido, desafiando a imaginação perceptiva. Cada uma das séries de imagens inscreve-se diversamente no texto. As paisagens, mais à margem do olhar, têm um poder evocativo, como se saíssem de dentro do poema, sendo-lhe ao mesmo tempo estranhas.

Em um primeiro nível de apreensão, as flores parecem se apresentar em comunhão lírica, mas elas estão também em franca oposição rítmica com o texto. As imagens do poema são intersticiais, feitas de eclipses e elipses, ao mesmo tempo que escorrem em desvanecimentos entre o seco e o molhado, entre sóis e chuvas, areias e vento, fogo e pedra, entre o negro e o branco, em meio às trevas, o rubro e o violeta, entre mortes e ressurreições. No fluxo incessante das mutações, a qualidade matérica das coisas e dos corpos, como "nuvens sem céu", "em divina neblina", volatiliza-se em dissolvência. Longe de entrar no ritmo acelerado desse nomadismo poético, a presença visual das flores solitárias, quase solenes na melancolia de seu isolamento, aguça a nostalgia da carne. Ao trazer de volta a realidade corpórea, reduzida a si mesma, as flores efetuam cortes, momentos de pouso, paragens e pontuações de um olhar contemplativo no ritmo inebriante da leitura.

Os híbridos são ainda mais complexos. As paisagens do poema são paisagens de coisas pensantes, "coisas que se pensam mesmo sem que a luz brilhe sobre elas", miragens de imagens "na tela rútila das pálpebras". Paisagens de coisas insistentemente lidas como signos que a natureza, estendendo-se do inorgânico ao orgânico, inscreve nas coisas e nos seres. Em diálogo latente com o caráter pensamental do emaranhado flórido e poroso de corpos hermafroditas, as formas híbridas – arquiteturas vegetais:

planta e templo – surgem solenes, graves em sua beleza mântrica, sagrada, ao mesmo tempo que, leves, desprendidas do solo, flutuam no ar como interjeições visuais dos sentidos que latejam no poema.

Conflitantes na superfície, insólitos na aparência, os híbridos são formas inspiradas. Tiros certeiros na retina rútila do poema "mimetizam o milagre", como se os relâmpagos se deixassem contemplar.

São Paulo, dezembro de 1995

belerofonte

Poesia aonde foste
amansar o teu cavalo
pégaso em pêlo valo a
valo na pastagem host-
il vôo a vôo respost-
a de esdrúxulo vocábulo
escandido em sangue e ergástulo

no mênstruo de medusa ou hóst-
ia do secreto acaso
mallarmaico arco do ocaso
distendido em flecha ou dado
casco abrindo o não de cal
na pedra do sim final
revel fonte irrevelado

Affonso Ávila

NOTAS

Ar

Livro de estréia da autora, publicado pela editora Iluminuras, de São Paulo, em 1991. Nessa edição havia fotos de João Virmond Suplicy, feitas a partir de *objets trouvés* nas calçadas de Curitiba por Josely Vianna Baptista. Alguns poemas foram lidos por Haroldo de Campos e Arnaldo Antunes no lançamento (São Paulo, 1991). Poemas de *Ar* foram musicados por Berthold Türke, Chico Mello e Edvaldo Santana. O poeta Néstor Perlongher escreveu o seguinte texto para a orelha do livro:

> Entre o barroco e o concreto, barroconcreto, combarroco, este *Ar* – rejúbilo brilhante – de Josely Vianna Baptista, areja os meandros de um território misterioso: entre o barroco de Creta do real e o cone oco da fábula. Neon-barroco, neon-concreto: o mérito desses poemas não passa apenas por revelar, embelezar, ornamentar este harmonioso *tour de force* entre os dois grandes estilos tropicais – um, com pátria no Brasil, pátria lingual; outro, com terra no Caribe, terra insular: incorpora ao barroco os experimentos concretistas, faz o concretismo descrever (dobrar-se) às paixões do claro-escuro barroco. Uma poética audaz impõe uma expressão nova, porosa, cheia de ares: através dos receptáculos de seu orvalho corre como torrente impetuosa o rugido do jade.

Em 1992, a atriz Bete Coelho interpretou poemas em performance no evento Homenagem à Semana de Arte de 22, no Teatro Municipal de São Paulo, com organização de Leda Tenório da Motta, que havia escrito, anteriormente, uma resenha do livro, intitulada "Sem Luvas", para o periódico de cultura *Nicolau*, de Curitiba:

> "Filigranas", "bétulas", "falésias", "halos", "olores", "esmeris", "lascas de jaspe"... Há um sentido admirável do precioso em Josely Vianna Baptista, que é um encarar fazer poesia hoje em léxico poético. ¶ E há uma arte muito sua no manejo de tais pérolas. Porque há também um sentido admirável da escansão em Josely. Escansão da palavra em letra. ¶ Seus versos primeiro resistem ao leitor, são enfiada de sinais tipográficos dessolidarizados. Cada palavra rara se rarefaz ainda numa depuração extrema: até os fonemas, os caracteres, os toques da máquina de escrever, espaçados, intercalados de silêncio. É religando os pontos, as mínimas unidades, a matéria última que se chega

ao fulgor máximo do vocabulário. Esse ligar alude à linguagem como um jogo. Conclamando o olhar, mas por vezes também o dicionário (o que é mesmo "cantárida"?), ele carrega cada palavra da potencialidade da outra. Tudo faz "sentidos", no plural, em ondas, em ressonâncias disseminadas, em alusões infindas, que conviria chamar barrocas, além de concretas, imateriais e bem matéria da língua. ¶ Como quem folga em respirar ar puro – *Ar* é justamente o título do primeiro livro de Josely, tradutora de Lezama Lima, Severo Sarduy e Cabrera Infante –, a poeta tem em vista não apenas o branco da página, o que seria Mallarmé e toda a seqüência, mas investe ainda o branco da linha, o eixo horizontal, e põe sistematicamente um branco a mais. Por exemplo, ela grafa:

```
d e s t r a v a r   a   l í n g
u a   d o   t r a v o   d u m
a   f r u t a   á c i d a :   á r
i d a   d a r i a   d i a m a n
t e :   c a n t á r i d a
```

É notável verificar que o formalismo, no caso, não leva a perder o contato com o discurso. Que a experimentação, o efeito de concretude obtido não exclui certo lirismo. Que essa é uma poesia que significa ao mesmo tempo a trama do significante e agudezas expressivas. Que a vontade de expressar iguala ou supera a vontade de construir, modificando o programa concreto. Que com certos versos de Josely estamos na vida, como se estivéssemos com Carlos Drummond ou Fernando Pessoa. Que há um experimentar o mundo, não obstante a face espectral da palavra ali exposta. Que há inclusive cumes da significação, expondo a sensibilidade. ¶ Isto quereria dizer também que Josely escreve sem luvas. Muito embora apareça de luva preta numa foto da orelha de seu livro, os braços apoiados no espaldar de uma cadeira. Ali mesmo onde, no último poema de *A teus pés,* Ana Cristina César deixava as suas próprias luvas, antes de se eclipsar. Teria sido coincidência mais essa alusão? ¶ Não deixa de ser um acontecimento, em todo caso, para a poesia brasileira contemporânea escrita por mulheres, e para a poesia brasileira atual de maneira geral, essa insistência em descalçar as luvas – para melhor tocar.

Em 2003, poemas de *Ar* foram incluídos numa coletânea da autora, *On the Shining Screen of the Eyelids,* publicada nos Estados Unidos por Manifest Press.

Corpografia

O projeto poético-visual compreendeu instalações e a edição do livro homônimo (São Paulo, Iluminuras, 1992), em colaboração com o artista plástico Francisco Faria, que realizou os trabalhos visuais para o livro e as instalações. Vinte e sete lâminas ilustravam a edição original. Instalações de *Corpografia* foram realizadas na Galeria Casa da Imagem, em Curitiba, e na Galeria Bruno Musatti, em São Paulo, em 1992; na v Bienal de Havana, no Palácio das Artes do Museu Nacional de Havana, em 1994; no Lüdwig Forum, em Aachen, Alemanha, em 1995. Poemas de *Corpografia* também integram o livro da autora *On the Shining Screen of the Eyelids*.

Os Poros Flóridos

Desenvolvimento do trabalho realizado em *Corpografia*, o projeto *Os Poros Flóridos* teve uma instalação montada no Centro Wifredo Lam, em Havana, na mostra "Naturalezas conjuradas", em 1995. No mesmo ano, três novas instalações do projeto ocorreram no Museu Guido Viaro, da Fundação Cultural de Curitiba (FCC), na Universidade Federal do Paraná e na XI Mostra da Gravura/Mostra América, todas em Curitiba.

Fragmentos do poema foram publicados nas antologias *Desencontrários, 6 Poetas Brasileiros na III Bienal de Poetas em Val-de-Marne* (FCC, 1995), *Nothing the Sun Could not Explain – 20 contemporary Brazilian poets* (Los Angeles, Sun & Moon Press, 1998), *99 poets –1999*, número especial da revista *Boundary* editada por Charles Bernstein (Nova York, University of Buffalo Press, 1999), e em *Pindorama* (Buenos Aires, *tsé-tsé*, 2000. Trad. Roberto Echavarren e Reynaldo Jiménez), entre outras.

Uma edição bilíngüe, *Los poros flóridos*, foi lançada no México em 2002. Em 2006, *Florid pores* saiu nos Estados Unidos por 1913 Press. Cada edição tem suas ilustrações exclusivas.

Poemas esparsos

"Imagens do Mundo Flutuante" integrou a exposição "Ruminantes", de Eliane Prolik, no Museu Alfredo Andersen, Curitiba, e na Galeria Valú Ória, em São Paulo, em 1998. O poema foi publicado na revista literária carioca *Inimigo Rumor*.

O poema "29 dias" integrou a instalação do projeto Moradas/Fímbrias, no Instituto Tomie Ohtake, São Paulo, em 2005.

O poema "Costa de Dentro", publicado no livro da autora *Terra sem Mal*, em 2005, é dedicado a seu filho Pedro Jerônimo e a sua afilhada Julia.

Os "Fragmentos de uma *Renga*" foram compostos para um poema encadeado de múltipla autoria publicado em *Together – um poema, vozes* (São Paulo, Ateliê Editorial, 1996. Organizado por Régis Bonvicino).

ÍNDICE DAS LÂMINAS VUAIS

Capa	*Impenetrável II – Mar.* No centro: *Quatro vezes tempo* (detalhe).
1	*Impenetrável II – Mar*, 1999. Grafite sobre lençol de chumbo, 130x100 cm.
4-5	*Templo híbrido*, 1999. Imagem digital a partir de desenho em grafite e chá de flores de hibisco sobre papel, 220x150 cm.

Corpografia

51	*Moradas II* (detalhe).
52	*Cabaraquara 1*, 1986. Grafite sobre papel; 70x100 cm.
56	*Laminares I*, 1992. Acrílica, aguada e grafite sobre foto e laca, 200x180 cm.
57	*Laminares II*, 1992. Acrílica, aguada e grafite sobre foto e laca, 120x120 cm.
60-61	*Laminares III*, 1992. Acrílica, aguada e grafite sobre foto e laca, 40x200 cm.
62	*Hiléia*, 1991. Grafite sobre papel, 120x120 cm.
66	*Quatro vezes ar*, 1992. Acrílica, aguada e grafite sobre foto e laca, 120x120 cm.
67	*Os poros flóridos II*, 1992. Acrílica, aguada e grafite sobre foto e laca, 120x80 cm.
70-71	*Os poros flóridos III*, 1992. Acrílica, aguada, grafite sobre foto e laca, 30x150 cm.
72	Sem título (*Mar*), 1994. Grafite sobre papel, 150x150 cm.
75	*Moradas I*, 1992. Acrílica, aguada e grafite sobre foto e laca, 200x180 cm.
78-79	*Moradas II*, 1992. Acrílica, aguada e grafite sobre foto e laca, 80x260 cm.

Os Poros Flóridos

81	*Estudo para Corpo Flórido (segundo aquarela de Rory McEwen)*, 1996. Grafite e emulsão acrílica sobre papel, 150x150 cm, 1996. (Acervo da Fundação Cultural de Curitiba).
88	*Ex-voto para Toledo e Tremalo* (detalhe), 1999. Imagem digital a partir de foto e desenhos.
92	*Quatro Vezes Tempo* (detalhe). *Templo híbrido* (detalhe).
96	*Cobaea calyx (segundo Blossfeldt)*, 1995. Grafite sobre papel, 50x50 cm.
100	*Impenetrável I – Mar*, 1999. Grafite sobre lençol de chumbo, 130x100 cm.
105	*Quatro Vezes Tempo*, 1999. Imagem digital a partir de foto e desenhos.
4ª capa	*Impenetrável I – Mar* (detalhe), 1999. Grafite sobre lençol de chumbo, 130x100 cm. No centro: *Quatro Vezes Tempo* (detalhe).

ÍNDICE DOS PRIMEIROS VERSOS

Ar

queria entreveros e quimeras 13
pois que deuses desejo 14
na madrugada aguda 15
destravar a língua 16
sem que o baque da queda 17
no altar profano 18
amoram a sombra 19
palavras riscam 20
um dia eufórica 21
vivos em meu corpo 22
na madrugada fria 23
nas horas em que dá um branco 24
o que sonho apenas uma idéia 25
de repente presente 26
se arfa a fim de ar 27
isso tudo já passa de artifício 28
e se o todo fosse 29
o sentido se sente com o corpo 30
o segredo do abraço 31
juncos à lâmina d'água 32
me guarda contigo 33
íris. finas iluminuras 34
acordei com meu amor às sete 35
se ela deslizasse 36
suspenso de um neon sou teu desejo 37
some-se vento a esse menos 38
lá fora asfalto 39
o que em mim sente 40
penso e surpreendo dentro 41
entre bétulas e nadas 42
recorrentes riocorrentes 43
como vai a tua vinda? 44
brisares de abrir reprises 45
língua zaúm, araçá azul 46
frinchas mínimas e elas espiam 47
entre o mero e o esmero 48

quem sabe você na tela da tv 49
livre-se vire-se lire-se 50

Corpografia

leonado o desenho de um verso 53
no que em não se vendo 54
pulseiras de lilases 55
a altre certi brutte 58
invisível o zênite 59
que pulse, repulse 63
os móbiles de bronze 64
graal em vila velha 65
nada de mais 68
riscos, hieroglifos 69
e nada é nada 73
rúbia aura das prímulas 74
o verde-água das sombrinhas 76
e sobre o mar de vidro 77

Os poros flóridos

Entre a lisura vã das dunas movediças 83
Desoladas de céu e terra, em meio à treva 89
Fim de tarde, as sombras suam 93
Vento nas folhas do ipê-roxo, cores 97
Os céus cian, e a mesma febre 101
A luz seja de zênite, ou sombra amazônica 106

Poemas esparsos

A água mede o tempo em reflexos vítreos 108
Cobre se refletindo a ouro e fio nos olhos 109
Um vento anima os panos e as cortinas oscilam 110
Lúcido pergaminho, pele argêntea, de prata 111
restos de flores de goivo 112
ao rés da relva 113
O dia um sol 114
Matizes, cinzas, do negro 114

NOTA SOBRE A AUTORA

JOSELY VIANNA BAPTISTA (Curitiba, 1957), além dos livros *Ar* e *Corpografia* (Iluminuras, 1991/1992), publicou o poema experimental *Outro*, em co-autoria com Arnaldo Antunes, no álbum de arte homônimo de Maria Angela Biscaia (Mirabilia, 2001). Em 2002, seu livro infantil *A Concha das Mil Coisas Maravilhosas do Velho Caramujo* (Mirabilia, 2001; ilust. Guilherme Zamoner) recebeu o VI Prémio Internacional del Libro Ilustrado Infantil y Juvenil do governo do México. Em 2005, lançou *Terra sem Mal: com rolanças e mergulhos pelos divinos roteiros secretos dos índios Guarani* (Mirabilia; ilust. G. Zamoner). Uma coletânea de seus poemas, *On the Shining Screen of the Eyelids*, foi premiada em 2001 pelo Creative Works Fund, de São Francisco, e editada nos EUA em 2003 (Manifest Press, trad. Chris Daniels). *Os Poros Flóridos* foi lançado no México em 2002 (*Los poros flóridos*, Aldus, trad. R. Jiménez e R. Echavarren) e nos EUA em 2006, em *1913 – A journal of forms* (Roanoke, trad. C. Daniels e R. Alfarano). Participou de antologias editadas no México, Peru, Argentina, Estados Unidos, Cuba, França, Paraguai, Colômbia, Espanha e Austrália.

Em 2002 realizou, com apoio de uma Bolsa Vitae de Artes, o projeto *Do zero ao zênite*, que resultou no conjunto de poemas intitulado *Moradas Nômades* e no manuscrito *A fonte da Fala* (reunindo cantos míticos dos Mbyá-Guarani do Guairá, traduzidos diretamente do original, com apresentação de Augusto Roa Bastos), ambos inéditos.

Em 2004, publicou *Musa Paradisíaca: antologia da página de cultura 1995/2000* (Mirabilia), com apresentações de Luis Dolhnikoff e Heloísa Buarque de Hollanda, coligindo parte de seu amplo trabalho de jornalismo cultural.

Realiza um continuado trabalho de tradução de importantes escritores hispano-americanos, como Roa Bastos, Lezama Lima, Onetti, Arguedas, Cortázar, Cabrera Infante e Juan Filloy, entre outros, com mais de meia centena de títulos publicados por grandes editoras brasileiras. Integrou o corpo de tradutores das *Obras Completas* de Jorge Luis Borges (Globo, 1999), traduzindo, para o volume 1, os livros *Discussão*, *Caderno San Martín* e *Lua Defronte*, pelos quais recebeu o Prêmio Jabuti de Tradução de 1999. Com apoio do Consejo Nacional para la Cultura y las Artes do governo mexicano, traduziu e editou *Rastros de Luz*, da poeta Coral Bracho (Mirabilia/Olavobras, 2004).

Desde 1992, desenvolve com Francisco Faria um trabalho que associa poesia a artes visuais, com diversas exposições no Brasil e no exterior. A mostra mais recente foi *Moradas Nômades/Fímbrias* (Curitiba, Museu Oscar Niemeyer; São Paulo, Instituto Tomie Ohtake, 2005), que contou também com a participação do poeta Luis Dolhnikoff.

COLEÇÃO SIGNOS

HAROLDIANA 1. *Panaroma do Finnegans Wake* James Joyce (Augusto e Haroldo de Campos, orgs.) ¶ 2. *Mallarmé* Augusto e Haroldo de Campos e Décio Pignatari ¶ 3. *Prosa do Observatório* Julio Cortázar (Trad. de Davi Arrigucci Júnior) ¶ 4. *Xadrez de Estrelas* Haroldo de Campos ¶ 5. *Ka* Velimir Khlébnikov (Trad. de Aurora F. Bernardini) ¶ 6. *Verso, Reverso, Controverso* Augusto de Campos ¶ 7. *Signantia Quasi Coelum: Signância Quase Céu* Haroldo de Campos ¶ 8. *Dostoiévski: Prosa Poesia* Boris Schnaiderman ¶ 9. *Deus e o Diabo no Fausto de Goethe* Haroldo de Campos ¶ 10. *Maiakóvski – Poemas* Boris Schnaiderman, Augusto e Haroldo de Campos ¶ 11. *Osso a Osso* Vasko Popa (Trad. de Aleksandar Jovanovic) ¶ 12. *O Visto e o Imaginado* Affonso Ávila ¶ 13. *Qohélet/o-que-sabe – Poema Sapiencial* Haroldo de Campos ¶ 14. *Rimbaud Livre* Augusto de Campos ¶ 15. *Nada Feito Nada* Frederico Barbosa ¶ 16. *Bere'shith – A Cena da Origem* Haroldo de Campos ¶ 17. *Despoesia* Augusto de Campos ¶ 18. *Primeiro Tempo* Régis Bonvicino ¶ 19. *Oriki Orixá* Antonio Risério ¶ 20. *Hopkins: A Beleza Difícil* Augusto de Campos ¶ 21. *Um Encenador de Si Mesmo: Gerald Thomas* S. Fernandes e J. Guinsburg (orgs.) ¶ 22. *Três Tragédias Gregas* Guilherme de Almeida e Trajano Vieira ¶ 23. *2 ou + Corpos no mesmo Espaço* Arnaldo Antunes ¶ 24. *Crisantempo* Haroldo de Campos ¶ 25. *Bissexto Sentido* Carlos Ávila ¶ 26. *Olho-de-Corvo* Yi Sáng (Yun Jung Im, org.) ¶ 27. *A Espreita* Sebastião Uchôa Leite ¶ 28. *A Poesia Árabe-Andaluza: Ibn Quzman de Córdova* Michel Sleiman ¶ 29. *Murilo Mendes: Ensaio Crítico, Antologia e Correspondência* Laís Corrêa de Araújo ¶ 30. *Coisas e Anjos de Rilke* Augusto de Campos ¶ 31. *Édipo Rei de Sófocles* Trajano Vieira ¶ 32. *A Lógica do Erro* Affonso Ávila ¶ 33. *Poesia Russa Moderna* Augusto e Haroldo de Campos e Boris Schnaiderman ¶ 34. *ReVisão de Sousândrade* Augusto e Haroldo de Campos ¶ 35. *Não* Augusto de Campos ¶ 36. *As Bacantes de Eurípides* Trajano Vieira ¶ 37. *Fracta: Antologia Poética* Horácio Costa ¶ 38. *Éden: Um Tríptico Bíblico* Haroldo de Campos ¶ 39. *Algo : Preto* Jacques Roubaud (Trad. de Inês Oseki-Depré) ¶ 40. *Figuras Metálicas* Claudio Daniel ¶ 41. Édipo em Colono de Sófocles Trajano Vieira ¶ 42. *Poesia da Recusa* Augusto de Campos ¶ 43. *Sol sobre Nuvens* Josely Vianna Baptista ¶ 45. *Céu Acima: Para um Tombeau de Haroldo de Campos* Leda Tenório da Motta (org.)

Impresso nas oficinas
da Editora e Gráfica
Vida e Consciência
em fevereiro de 2007